U0583562

文库

丛书主编 郑 毅

长白山江岗志略

清·刘建封 撰

孙文采 注

张福有 笺注

吉林文史出版社

图书在版编目（CIP）数据

长白山江岗志略 / (清) 刘建封撰 ; 孙文采注. --
长春 : 吉林文史出版社, 2021.1
（长白文库）
ISBN 978-7-5472-7583-2

Ⅰ.①长⋯ Ⅱ.①刘⋯ ②孙⋯ Ⅲ.①长白山 - 地方
志 Ⅳ.①K928.3

中国版本图书馆CIP数据核字(2020)第253891号

长白山江岗志略
CHANGBAISHAN JIANGGANG ZHILÜE

出 品 人：张　强
撰　　者：（清）刘建封
　　　注：孙文采
丛书主编：郑　毅
笺　　注：张福有
责任编辑：程　明　吕　莹
装帧设计：尤　蕾
出版发行：吉林文史出版社有限责任公司
电　　话：0431—81629369
地　　址：长春市福祉大路出版集团A座
邮　　编：130117
网　　址：www.jlws.com.cn
印　　刷：吉林省优视印务有限公司
开　　本：170mm×240mm 1/16
印　　张：15.75
字　　数：150千字
版　　次：2021年1月第1版 2021年1月第1次印刷
书　　号：ISBN 978-7-5472-7583-2
定　　价：138.00元

枬東荒譚餘

長白山江岡志略

天池釣叟著

（清）刘建封 (1865—1952)，又名刘大同，字桐阶，号芝叟道人，芝里老人。山东诸城人 (今属安丘) 人，清末贡生，奉天候补知县，1905 年加入中国同盟会。长白府帮办、踏查长白山领班，安图第一任知县。1952 年 7 月 1 日在济南病逝，享年 88 岁。

《长白文库》编委会

（排名不分先后）

主编：郑　毅　北华大学东亚历史与文献研究中心

顾问：刁书仁　东北师范大学历史文化学院
　　　马大正　中国社会科学院中国边疆研究所
　　　王禹浪　大连大学中国东北史研究中心
　　　汤重南　中国社会科学院世界历史研究所
　　　宋成有　北京大学历史学系
　　　陈谦平　南京大学历史系
　　　杨栋梁　南开大学历史学院
　　　林　沄　吉林大学考古学院
　　　徐　潜　吉林出版集团
　　　张福有　吉林省文史研究馆
　　　蒋力华　吉林省文史研究馆

编委：王中忱　清华大学中国语言文学系
　　　任玉珊　北华大学
　　　刘信君　吉林大学马克思主义学院
　　　刘　钊　复旦大学出土文献与古文字研究中心
　　　刘岳兵　南开大学日本研究院
　　　刘建辉　（日）国际日本文化研究中心
　　　李大龙　中国历史研究院中国边疆研究所
　　　李无未　厦门大学文学院
　　　李德山　东北师范大学古籍研究所
　　　李宗勋　延边大学历史系
　　　杨共乐　北京师范大学历史学院
　　　张福贵　吉林大学文学院
　　　张　强　吉林文史出版社
　　　韩东育　东北师范大学
　　　佟轶材　北华大学
　　　黑　龙　大连民族大学东北少数民族研究院

《长白文库》总序

　　中华优秀传统文化是中华民族的"根"和"魂"，习近平总书记高度重视中华优秀传统文化，并将其作为治国理政的重要思想文化资源。"不忘本来才能开辟未来，善于继承才能更好创新。""优秀传统文化是一个国家、一个民族传承和发展的根本，如果丢掉了，就割断了精神命脉。"中华优秀传统文化具有多样性和地域性等特征，东北地域文化是多元一体的中华文化中的重要组成部分。吉林省地处东北地区中部，是中华民族世代生存融合的重要地区，素有"白山松水"之美誉，肃慎、扶余、东胡、高句丽、契丹、女真、汉族、满族、蒙古族等诸多族群自古繁衍生息于此，创造出多种极具地域特征的绚烂多姿的地方文化。为了"弘扬地方文化，开发乡邦文献"，自 20 世纪 80 年代起，原吉林师范学院李澍田先生积极响应陈云同志倡导古籍整理的号召，应东北地区方志编修之急，服务于东北地方史研究的热潮，遍访国内百余家图书馆寻书求籍，审慎筛选具有代表性的著述文典 300 余种，编撰校订出版以《长白丛书》（以下简称《丛书》）为名的大型东北地方文献丛书，迄今已近 40 载。历经李澍田先生、刁书仁和郑毅两位教授三任丛书主编，数十位古籍所前辈和同人青灯黄卷、兀兀穷年，诸多省内外专家学者的鼎力支持，《丛书》迄今已共计整理出版了 110 部 5000 余万字。《丛书》以"长白"为名，"在清代中叶以来，吉林省疆域迭有变迁，而长白山钟灵毓秀，蔚然耸立，为吉林名山，从历史上看，不咸山于《山海经·大荒北经》中也有明确记录，把长白山当作吉林的象征，这是合情合理的。"（《长白丛书》初版陈连庆先生序）

　　1983 年吉林师范学院古籍研究所（室）成立，作为吉林省古籍整理与研究协作组常设机构和丛书的编务机构，李澍田先生出任所长。全国高校古籍整理工作委员会、吉林省教委和省财政厅都给予了该项目一定的支持。李澍田先生是《丛书》的创始人，他的学术生涯就是《丛书》的创业史。《丛书》能够在国内外学界有如此大的影响力，与李澍田先生的敬业精神和艰辛努力是分不开的。《丛书》创办之始，李澍田先生"邀集吉、长各地的中青年同志，乃至吉林的一些老同志，群策群力，分工合作"（初版陈序），寻访底本，夙兴夜寐逐字校勘，联络印刷单位、寻找合作方，因经常有生僻古字，先生不得不亲自到车间与排版工人拼字铸模；吉林文史出版社于永玉先生作为《丛书》的第一任责编，殚精竭虑地付出了很多努力，为《丛书》的完成出版做出了突出贡献；原古籍所衣兴国等诸位前辈同人在辅助李澍田先生编印《丛书》的过程中，一道解决了遇到的诸多问题、排除了诸多困难，是《丛书》草创时期的重要参与者。《丛书》自20世纪80年代出版发行以来，经历了铅字排版印刷、激光照排印刷、数字化出版等多个时期，《丛书》本身也称得上是改革开放以来中国印刷史的见证。由于《丛书》不同卷册在出版发行的不同历史时期，投入的人力、财力受当时的条件所限，每一种图书的质量都不同程度留有遗憾，且印数多则千册、少则数百册，历经数十年的流布与交换，有些图书可谓一册难求。

1994年，李澍田先生年逾花甲，功成身退，由刁书仁教授继任《丛书》主编。刁书仁教授"萧规曹随"，延续了《丛书》的出版生命，在经费拮据、古籍整理热潮消退、社会关注度降低的情况下，多方呼吁，破解困局，使得《丛书》得以继续出版，文化品牌得以保存，其功不可没。1999年原吉林师范学院、吉林医学院、吉林林学院和吉林电气化高等专科学校合并组建为北华大学，首任校长于庚蒲教授力主保留古籍所作为北华大学处级建制科研单位，使得《丛书》的学术研究成果得以延续保存。依托北华大学古籍所发展形成的专门史学科被学校确定为四个重点建设学科之一，在东北边疆史地研究、东北民族史研究方面形成了北华大学的特色与优势。

2002年，刁书仁教授调至扬州大学工作，笔者当时正担任北华大学图书馆馆长，在北华大学的委托和古籍所同人的希冀下，本人兼任古籍所所长、《丛书》主编。在北华大学的鼎力支持下，为了适应新时期形势的发展，出于拓展古籍研究所研究领域、繁荣学术文化、有利于学术交流以及人才培养工作的实际需要，原古籍研究所改建为东亚历史与文献研究中心，在保持原古籍整理与研究的学术专长的同时，中心将学术研究的视野和交流渠道拓展至东亚地域范围。同时，为努力保持《丛书》的出版规模，我们以出文献精品、重学术研究成果为工作方针，确保《丛书》学术研究成果的传承与延续。

在全方位、深层次挖掘和研究的基础上，整套《丛书》整理与研究成果斐然。《丛书》分为文献整理与东亚文化研究两大系列，内容包括史料、方志、档案、人物、诗词、满学、农学、边疆、民俗、金石、地理、专题论集 12 个子系列。《丛书》问世后得到学术界和出版界的好评，《丛书》初集中的《吉林通志》于 1987 年荣获全国古籍出版奖，三集中的《东三省政略》于 1992 年获国家新闻出版总署全国古籍整理图书奖，是当年全国地方文献中唯一获奖的图书。同年，在吉林省第二届社会科学成果评奖中，全套丛书获优秀成果二等奖，并被国家新闻出版总署列为"八五"计划重点图书。1995 年《中国东北通史》获吉林省第三届社会科学优秀成果二等奖。2005 年，《同文汇考中朝史料》获北方十五省（市、区）哲学社会科学优秀图书奖。

《丛书》的出版在社会各界引起很大反响，与当时广东出现的以岭南文献为主的《岭南丛书》并称国内两大地方文献丛书，有"北有长白，南有岭南"之誉。吉林大学金景芳教授认为"编辑《长白丛书》的贡献很大，从《辽海丛书》到《长白丛书》都证明东北并非没有文化"。著名明史学者、东北师范大学李洵教授认为："《长白丛书》把现在已经很难得的东西整理出来，说明东北文化有很高的水准，所以丛书的意义不只在于出了几本书，更在于开发了东北的文化，这是很有意义的，现在不能再说东北没有文化了。"美国学者杜赞奇认为"以往有关东北方面的材料，利用日文资料很多。而现在中文的《长白丛书》则很有利于提高中国东北史的研究"（《长白丛书》出版十周年纪念会上的发言）。中国社会科学院边疆史地研究中心主任厉声研究员认为："《长白丛书》已经成为一个品牌，与西北研究同列全国之首。"（1999 年 12 月在《长白丛书》工作规划会议上的发言）目前，《长白丛书》已被收藏于日本、俄罗斯、美国、德国、英国、加拿大、澳大利亚、韩国及东南亚各国多所学府和研究机构，并深受海内外史学研究者的关注。

为了更好地传承和弘扬优秀地域文化，再现《丛书》在"面向吉林，服务桑梓"方面的传统与特色，2010 年前后，我与时任吉林文史出版社社长的徐潜先生就曾多次动议启动出版《长白丛书精品集》，并做了相应的前期准备工作，后因出版资助经费落实有困难而一再拖延。2020 年，以十年前的动议与前期工作为基础，在吉林省省级文化发展专项资金的资助下，北华大学东亚历史与文献研究中心与吉林文史出版社共同议定以《长白丛书》为文献基础，从《丛书》已出版的图书中优选数十种具有代表性的文献图书和研究著述合编为《长白文库》加以出版。

《长白文库》是在新的历史发展时期对《长白丛书》的一种文化传承和创新，《长白丛书》仍将以推出地方文化精华和学术研究精品为目标，延续东北地域文化的文脉。

《长白文库》以《长白丛书》刊印 40 年来广受社会各界关注的地方文化图书为入选标准，第一期选择约 30 部反映吉林地域传统文化精华的图书，充分展现白山松水孕育的地域传统文化之风貌，为当代传统文化传承提供丰厚的文化滋养，是一件功在当代、利在千秋的文化盛举。

盛世兴文，文以载道。保存和延续优秀传统文化的文脉，是人文社会科学研究者的社会责任和学术使命，《长白丛书》在创立之时，就得到省内外多所高校诸多学界前辈的关注和提携，"开发乡邦文献，弘扬地方文化"成为 20 世纪 80 年代一批志同道合的老一辈学者的共同奋斗目标，没有他们当初的默默耕耘和艰辛努力，就没有今天《长白丛书》这样一个存续 40 年的地方文化品牌的荣耀。"独行快，众行远"，这次在组建《长白文库》编委会的过程中，受邀的各位学者都表达了对这项工作的肯定和支持，慨然应允出任编委会委员，并对《长白文库》的编辑工作提出了诸多真知灼见，这是学界同道对《丛书》多年情感的流露，也是对即将问世的《长白文库》的期许。

感谢原吉林师范学院、现北华大学 40 年来对《丛书》的投入与支持，感谢吉林文史出版社历届领导的精诚合作，感谢学界同人对《丛书》的关心与帮助！

郑　毅

谨序于北华大学东亚历史与文献研究中心

2020 年 7 月 1 日

笺注说明

　　吉林文史出版社编辑出版《长白文库》，内含李澍田先生主编之《长白丛书》部分书籍，首批十一本。我有幸应邀重新笺注《长白汇征录》和《长白山江岗志略》。

　　清光绪三十四年（1908 年），长白府张凤台、临江知县李廷玉、选用知县刘建封踏查长白山、勘分奉吉界线，张凤台撰《长白汇征录》，刘建封撰《长白山江岗志略》附《东荒谭余》，李廷玉作序等多篇。日后成书时，《东荒谭余》佚。

　　《长白汇征录》和《长白山江岗志略》在宣统元年（1909 年）初版时，两本是分刊的。我于 1996 年从省委调白山市委、市政协工作，开始关注这两本书，已逾 25 年。最先见到这两本书的版本，是 1987 年李澍田先生主编的《长白丛书》。《丛书》中，这两本是合一的。

　　当时，他们找到刘建封等撰、1957 年吉林省人民委员会铅印的《长白山三江考略》《白山调查记》等二十多篇文章，安龙祯、高阁元先生在整理时冠以《长白设治兼勘分奉吉界线书》之名，附在《长白汇征录》和《长白山江岗志略》之后，但标题未上封面。

《长白设治兼勘分奉吉界线书》，系光绪三十四年月十一月于临江县署手抄本。参看刘建封自题《长白山江岗志略》书名，均带："附东荒谭余"字样。刘建封在踏查长白山《缘起》中还写道：前所作《长白山三江源流考》等各篇，已于报告书中向东三省总督徐世昌详细呈明，再将《长白山江岗志略》，以《东荒谭余》附之，敬呈宪鉴加以笔削。可是，在原本和《丛书》本中，皆不见《东荒谭余》内容。我曾就此请教过安龙祯先生，安先生未能释疑。再请教李澍田先生，李先生谔然："难道能是错简"？又拜访刘建封曾孙刘自力先生，府上亦无《志略》《谭余》底本。后亲往吉林省图、辽宁省图查询，均无果。

2002 年，李澍田先生将手中 12 本刘建封诗、书、画、文的复印件，全部送给我并嘱："希望你能理出头绪。"

2011 年 12 月，吉林省地方志编纂委员会选刊旧方志，影印《长白山江岗志略》，嘱我作《跋》，我在《跋》中写道："东荒谭余，有名无文，存疑待考。"

2019 年 5 月，抚松拟印《长白山江岗志略》，嘱我作序，因当时无时间，序中未涉"东荒谭余"之疑。

这次综合判断，《长白设治兼勘分奉吉界线书》中含李廷玉序、再序和文共二十九篇。前十篇，是铅印本原目录已有的，应属先呈徐世昌的。后十九篇目录，是 1957 年吉林省人民委员会铅印时增补的，疑其即应属《东荒谭余》内容。所以，这次笺注，便将这二十九篇均作为《东荒谭余》内容，附于《长白山江岗志略》之后，恰可解决《长白设治兼勘分奉吉界线书》标题涵盖不了所有文章之虞。此前，出版社已将《长白汇征录》与《长白山江岗志略》分刊，排为两本。这样，从各方面看，靡不妥贴。

如今，李澍田、安龙祯先生均已作古。我不揣浅陋，斗胆定夺，以《东荒谭余》为题，替换《长白丛书》原题：《长白设治兼勘分奉吉界线书》，以统二十九篇序与杂文，附于《长白山江岗志略》之后，使刘公书名主、副题相符。意在试克淆讹，以免贻惑后学。确然与否，盼有李刘二公手抄档案之面世也。余言不赘，滕以韵语云：

笺注《长白汇征录》《长白山江岗志略》有记

> 江岗志略出皇清，长白征存是别名。
>
> 守土何疑穆石辩，搏熊早信郝金惊。
>
> 百年故邑千秋史，两本新书若许情。
>
> 笺罢东荒谭底事，刊修错简自今成。

张福有

2020 年 11 月 30 日（庚子十月十六）于长春养根斋

《长白丛书》序

　　吉林师范学院李澍田同志，悉心钻研历史，关心乡邦文献，于教学之余，搜罗有关吉林的书刊，上自古代，下迄辛亥，编为《长白丛书》，征序于予，辞不获命。爰缀予所知者书于简端曰：

　　昔孔子有言："夏礼吾能言之，杞不足征也。殷礼吾能言之，宋不足征也。文献不足故也，足则吾能征之矣。"说者以为："文，典籍也。献，贤也。"这是因为文献与历史研究相辅相成，缺乏必要的文献，历史研究便无从措手。古代文献，如十三经、二十四史之属，久已风行海内外，家传户诵，不虞其失坠，而近代文献往往不易保存。清代学者章学诚对此曾大声疾呼，唤起人们的注意，于其名著《文史通义》中曾详言之。然而，保存文献并不如想象那么容易。贵远贱近，习俗移人，不以为意，随手散弃者有之。保管不善，毁于水火，遭老鼠批判者有之。而最大损失仍与政治原因有关。自清朝末叶以来，吉林困厄极矣，强邻环伺，国土日蹙，先有日、俄帝国主义战争，继有军阀割据，九一八事变后，又有敌伪十四年统治，国土沦亡，生民憔悴。在政权更迭之际，人民或不免于屠刀，图书文物更随时有遭毁弃和掠夺命运。时至今日，清代文书档案几如凤毛麟角，九一八事变以前书刊也极为罕见。大抵有关抨击时政者最先毁弃，有关时事者则几无孑遗。欲求民国以来一份完整无缺地方报纸已不可能，遑论其他。

建国以来，百废俱兴，文教事业空前发展。而中经"十年内乱"，公私图书蒙受极大损失，断简残篇难以拾缀。吉林市旧家藏书，"文革"期间遭到洗劫，损失尤重。粉碎"四人帮"后，祖国复兴，文运欣欣向荣，在拨乱反正的号召下，由陈云同志领导，大张旗鼓，整理古籍，一反民族虚无主义积习，尊重祖国悠久文化传统，为振兴中华提供历史借鉴。值此大好时机，李澍田同志以一片爱国爱乡的赤子之心，广泛搜求有关吉林之文史图书，不辞劳苦，历访东北各图书馆，并远走京沪各地，仆仆风尘，调查访问，即书而求人，因人而求书，在短短几年时间内，得书逾千。经过仔细筛选，择其有代表性者三百种，编为《长白丛书》。盖清代中叶以来，吉林省疆域迭有变迁，而长白山钟灵毓秀，巍然耸立，为吉林名山。从历史上看，不咸山于《山海经·大荒北经》中也有明确记录，把长白山当作吉林的象征，这是合情合理的。

丛书中所收著作，以清人作品为最多，范围极其广泛，自史书、方志、游记、档案、家谱以下，又有各家别集、总集之属。为网罗散佚，在宋、辽、金以迄明代的著作之外，又以文献征存、史志辑佚、金石碑传补其不足，取精用宏，包罗万象，可以说是吉林文献的总汇。对于保存文献，具有重大贡献。

回忆酝酿编余之际，李澍田同志奔走呼号，独力支撑，在无人、无钱的条件下，邀集吉长各地的中青年同志，乃至吉林的一些老同志，群策群力，分工合作，众志成城，大业克举。在整理文献的过程中，摸索出一套先进经验，培养出一支坚强队伍。这也是有志者事竟成的一个范例。

我与李澍田同志相处有年，编订此书之际，澍田同志虚怀若谷，对于书刊的搜求，目录的选定，多次征求意见。今当是书即将问世之际，深喜乡邦文献可以不再失坠，故敢借此机会聊述所怀。殷切希望读此书者，要从祖国的悲惨往事中，培养爱国家、爱乡土的心情，激发斗志，为四化多作贡献。也殷切希望读此书者能够体会到保存文献之不易，使焚琴煮鹤的蠢事不要重演。

当然，有关吉林的文献并不以汉文书刊为限。在清代一朝就有大量的满、蒙文的档案和图书，此外又有俄、日、英、美各国的档案和专著，如能组织人力，有计划、有步骤地进行整理，提要钩玄勒成专著，先整理一部分，然后逐渐扩大，这也是不朽的盛业，李君其有意乎？

1986 年 5 月 1 日

吉林陈连庆　谨序

目　录

序

汪玢玲

　　三年前我由东北师大图书馆借得《长白山江岗志略》残本一卷，如获至宝。当即推荐给师大出版社重印此书，以飨读者。继之，得悉此书已入《长白丛书》出版计划，由师大早年毕业、现执教于通化师院中文系的孙文采同志点校注释，于是释然等待；并因此书的入选而对吉林史学界的开阔眼光深怀敬意。不久文采同志来访，证实了此为"确息"之后，我的第一句话就是："能将此书再版，真是功德无量的事！"文采受到鼓舞，奋力工作。如今点注完毕，嘱为之序。余欣然领命，以为"功德圆满"，远胜新编。因为这是迄今为止，最早的一本具有爱国主义思想、记述全面的、关于长白山的山水志书和风物传说集。能在清末荒僻的东北，著有此书，可谓志书中之别体和珍本。更何况它是在政府有组织踏查的"田野作业"基础上的综合记录，具有一定的科学性和史料价值，是研究东北地方史志、关东民俗和民间文学的宝贵财富，也是东北地方文化和满汉文化交流的早期文献。

　　此书著于 1908 年（光绪三十四年），正是在东北屡遭沙俄侵略，日、俄窥边，疆土日蹙的历史条件下勘察、执笔的，字里行间都浸透了作者的民族自尊心和爱国主义思想情感。

作者刘建封，字石荪，号天池钓叟，山东诸城人（今属安丘），是清末东三省总督徐世昌、锡良等属下的奉天候补知县。1908年五月任奉吉勘界委员，与地方官李廷玉、张凤台、刘寿彭等，带领测绘人员踏查长白山，著有《长白山三江源流考》《白山穆石辩》《中韩国界说》《间岛辩》等官方报告及《长白山江岗志略》《东荒谭余》。1909年（宣统元年）锡良等奏请增设安图、抚松两县，称刘建封为"谙练边情，勤奋耐苦之员"[1]，奏准补"边绝要缺"，任安图知县。

《长白山江岗志略》凡"十万言"，是作者大量勘察报告的副产品。作者在"缘起"中写道：于各篇"报告"之余，"独于白山之上，天池之旁，三岗之重峦叠嶂，三江之支派分流，以及草木鸟兽、沙石虫鱼之类，略而不载"，以为遗憾，于是再作《志略》一书。也许正因为是作者志趣所在，不受官样文章限制，故此书行文舒缓而有奇气，不拘格套。笔势因山转移，文思遇水回荡，虽取材不尚宏富，而载备详略，亦见文采。

看来这是一个有作为的候补知县。他没有更多地染上官场中那种虚应故事的积习，对踏查任务认真负责。他说："因公而来，倍加注意。"身先士卒，怒马当前。这种对祖国山河、文化的胸襟怀抱和赤诚态度煞为感人。他甚至"坠马崖下，危而复苏""在山中十日九雾，登而见者百不获一"，浮石伤人，冰雹盖顶的艰

---

[1] "谙练边情，勤奋耐苦之员"，语出徐世昌呈清廷之奏折："至该府系边疆重要，情形与内地不同，非谙练边情，勤奋耐苦之员，断难胜任。"这是指长白府而言，本指张凤台。见《长白汇征录》徐世昌奏折。

难情况下，也能遍查十六名峰，亲为命名。二上天池，历涉险境，且能随手记录。这样一位爱国知县的壮举，一直到现在也被誉为"长白山地名普查的楷模"，田野作业的先贤。这与当时那些"足不跻长白之巅，目不览江流之派"的查巡、望祭者有别。他"亲率猛士健仆，被被襁，踏靰鞡，头笼碧纱，腰系皮垫，直抵山巅，登临天池"，以为"不入其境，难得其趣"，正是治学者、旅游家和探险家的优秀品质。当然作者也有他自己的抱负，以为"龙兴之地，著有专书，献作邠风图，以补三百余年之缺典，为将来修东三省志者之一助，是所默祷"。今天看来，这对东北舆地历史"缺典"的补白，固属重要，而更有价值的是，这些志胜江岗的传奇文字，对考察长白山自然资源，风土人情，民间文学，对开发山乡文化，进行四化建设，均具有深远意义。

《志略》一书内容十分丰富。举凡历史沿革，江山气势，名峰胜水释名，特异自然现象，奇人异兽传说，花木洞石志怪，历史古迹逸闻，山珍特产资源（如人参、貂皮、鹿、虎、沙金、东珠），无不包罗在集。初步统计，地名以千计，附丽传说百五十篇，大都与山川地貌紧密相连，与人文气候呼吸相应，附会有趣，具有一定生产、生活上的根据和科学价值，而一山一水之描绘，无不充满炎黄子孙的爱国激情。如开篇所说："长白为王气所钟，襟三江，领三岗，奇峰十六，名胜百二，崔巍磅礴，蜿蜒于亚细亚东北海隅，为一绝大名山，于乎盛矣。"这片自古称肃慎、粟末、靺鞨、完颜，直至清代发祥的圣地，物产丰饶，气象雄厚，"又岂西地长安，南朝金陵所可比隆者哉？

虽然有可虑者，东北沿海各州为俄割据矣，库页滨海全岛被日先占矣。韩人毁我十字界牌，竟以穆石为凭……"于是他提出山林国有，以农为兵，添设江防，固守国界。倡议"生聚十年，训练十年"，繁荣边区，重振国威，充分阐明了长白山在政治、经济、国防上的重要战略地位。

《志略》对这座神山有多方面的具有科学价值的记录，如关于天池怪兽、"毛人"和静夜所见火球万千转若风驰，盘旋岭上，声闻百里，照同白昼的奇特现象，后者是否与现代所云"飞碟"有关，都有科学研究价值。又如"天池怪兽"的记载：

> 十数年前（约当1890年前后——引者），有猎者四人至钓鳌台，见芝盘峰下自池中有物出水，金黄色，首大如盔，方顶有角，长项多须，低头摇动如吸水状，众惧，登坡至半，忽闻轰隆一声，回头不见。均以为龙，故又名为龙潭。

一般认为，天池高寒，不可能有动物，特别是不可能有巨大的水族动物。可是，据报道近年来在天池边又见水中怪兽，与《志略》所记竟极相似，岂是偶然？又云此山有"毛人"，有"九尾狐"，纯系传说，可以辨析，其真实影子，亦有研究价值。其他如谓天池内有龙洞，通海眼："五蛟嬉戏"跳跃长白山上，留五道坡口，旋四蛟入池不见，一蛟从乘槎河豁山劈岭，向东北狂奔而去，形成飞瀑，开二道白河，实为松花江源。从地理上看，既见其真，从构思上看，又见其幻。这里甚至有龙门峰大禹治水留有神碑，牛郎渡织女生子洗儿遗石的传说；女真国王祭天，薛仁贵征东的旧迹，书生得玉烛，燃之不灭，用以照读，艺女遇狐仙，唱工大进，人亦妩媚的故事新编，更有狗肉醉虎，熊虎斗智，豺狼护人的特异狩猎习俗经验传闻，看来以为荒蛮无闻的长白山人既是英勇的开山创业者，也是极为浪漫，富于幻想的诗人和野人。

这并不奇怪，大自然的造化使雄观峻极的古不咸山不知在几千万年前因火山爆发，喷射岩浆，给人间留下了长白之巅的高山平湖——天池。这座著名的休眠火山口蓄满了涌流不尽的地泉，她上与天接，碧净无尘，白雪相拥，群峰环抱。这潭高悬半空，不冻无萍，广袤无垠，一尘不染的池水，自然给人间带来无限美好的神思，充满圣洁神秘的崇仰，因此为神仙居处龙宫所在。满族及其先民女真人世居白山黑水之间，自然以长白山为自己民族龙兴的圣地，神而灵之，于是有"佛库伦吞朱果生圣子"的神话。《努尔哈赤实录》及《八旗通志》述之甚详。但关于神雀所衔之朱果，究竟什么样子，所自何来，都未提及，人亦未见。独于《志略》一书，显示其风土特点，着意记之：

布尔湖里俗名元池，因长白山东为第一名池故也。面积二里余，四围多松，参天蔽日，水清浅，终年不干，相传有天女降池畔，吞朱果生圣子，后为三姓贝勒，实我朝发祥之始。按朱果（草本）每茎不蔓不枝，高三寸许，无花而果，先青后朱，形同桑葚，味清香而甘酸，远胜桑葚，一名仙果。池左颇多，他处未有。

这给我们研究三仙女神话提供了重要的客观依据。它的丰富的想象力既来自对英雄祖先的崇拜，更来自长白山雄伟的山势、圣洁的池水和这里的特产——朱果。是大自然的美色，创造了奇迹，孕育了一个民族的英雄气质和灿烂文化。

长白山盛产人参。这里记述了无比富庶的参洞奇观，红光四射，少女出没，吸引着幸运的放山人，使我们看到众多参精故事的源头。作者神异地记录着放山人的习俗和信仰，以山民的自豪感记述着这里的奇特生物、丰富矿藏：高不盈尺的四坠花，专治痫疾的倒根草，毛长三寸的"银貂"，智惩贪夫的神鹿，以至黄水奔流，金屑满地，天池神水，洗目复明，赞松杉蔽日，颂刺虎英雄……作者爱这里的一山一木，一水一石，仰高山而命名，叹神工而哦吟，写下了大量的《白山纪咏》。山市迷离，天池垂钓；清逸隽永，激扬文字，表现了一个知识分子对祖国深沉的热爱。观日峰上他写道：

观日峰东接龙门三里余，峰起一尖，登而望之，海阔天空，可以观日出日入。由池至峰约八里。土人云：每年三月三日夜半时分，一遇天晴，见日如红球自海中出，出时三起

三落，而水之波翻浪涌，忽上忽下，历历在目，尤足令观者
移情海上。

　　这无疑也是作者对富丽而又多姿的祖国的歌颂和寄托。预
示着日出东方的中国的美好未来和无限生机。

　　可以预计，《长白山江岗志略》将因山而传书，因书而志人。
像刘建封这样有作为的官吏，爱国知识分子，在东北志传上，
理应占有重要位置，应该为他树碑立传，以为后世楷模。是他
给我们揭示了长白山、天池及三江之源的奥秘，使我们认识到
与峨眉、富士齐名的亚洲三大雪山之一，终年被雪的长白山诗
一般的壮美，梦一般的神迷，给我们以严峻的人生的启示。是
为序。

1986 年除夕

　　本书由通化师范学院孙文采同志整理，东北师范大学汪玢
玲同志审稿，吉林师范学院古籍研究所李澍田同志定稿。

编者　1987 年秋

序　言

　　长白为国朝发祥之地，又为鸭绿、图们、松花三江之源。是以矿产丰饶，森林丛密，而一切动植各物，附属其中。固足显山川灵秀之奇，尤以彰圣朝之怙冒[1]者远。惟定鼎以后，白山岁时祭祀，尊为神灵。而山川形势，虽亦著有成书，然作者凭空结想，足不跻长白之巅，目不览江流之派，大抵如盲者之论日，聋者之说钟。客岁①，玉与诸城刘君石荪奉东三省总督徐公之命，踏查白山，为奉吉分界基础。归呈报告，徐公题之。而石荪又于足迹所经，目力所及，遂决然有《长白山江岗志略》之作。由是著录两阅月②，都为十万言。其心力殚而目的远，有非恒人所及知者。玉与石荪厚，且为同时勘界之人，故考定校仇，毅然任之。书成后，略叙巅末，附于卷中，俾通人流览，知此书取裁不尚宏富，而访查详切，指证确凿，洵足为筹边者之一助。即异时编定国史、汇纂志书，亦必于是乎赖。盖名为"志略"，

---

①　客岁，去年。
②　两阅月，经两个月。

实① 则 "志详" 之蒿矢也[2]。故志之。

会勘奉吉边界委员李廷玉　谨序

① 实，原本作寔，通。

缘　起

　　戊申夏四月，建封寓探访总局李牧照岱处，适有长白设治张守凤台、李守廷玉之约，奉钦差大臣、东三省总督徐，委勘奉吉两省界线，兼查长白三江之源。遵即会同许府经中书、吉林委员刘令寿彭，带同测绘五员队兵十六名，于五月二十八日自临江束装就道。同事诸君共推建封为领班，建封亦不敢辞。当即同赴岗后，逐处履勘。由山岔子[3]地方北越龙岗，抵花园岭。详查地势，参以舆论，因与刘令寿彭等面议，此次同奉帅谕勘界，理应求一天然界址，方觉不负委任，切勿稍存此疆彼界之心，众皆韪之。于是方针已定，西以头道花园河为起点，东以红旗河尾闾[4]为止点，南至团头山，北至松花江之下两江口，东西长约六百余里，南北阔约三百六十里，奉吉两省以水为界，均经分班详勘，择其山径冲要之处，愚书界牌，以木为之，上书"奉吉分界"等字，聊尽职务，无一息者。

　　建封以为，长白山原系我朝发祥之地，图们、鸭绿两江又系中韩国界。朝廷所注意，督帅所留心，国民所关切者，莫重乎此。因告许刘两员曰："吾辈冒险而来，如不调查详确，恐负此行，诸君勉旃[5]。"由是许刘两员即以此任付之。建封同赴二道江而去。建封派兵四出购粮于三百重外[6]，以作入山露宿之计。当是时，引路人王凤鸣等，皆以为难，并云："此山与他山不同，山中十日九雾，登而见者，百不获一。外人来者，皆未得见，往往雾气迷人，数日难返。否则冰雹骤落，人每受伤。从前来者，约借土人传言，约略绘图，曾未有登峰造极、溯流穷源者。"建封当即晓以大义，破其拘泥，怒马当前，迳走木石河边，坠马崖下[7]，危而复苏，设帐调养三日，仍令健仆扶持，缓步登山。计入山十日，九日遇雨。而登坡口者四次，临天池者二次，寻穆石穆克登所立之石者一日，寻暖江源者一日，寻松花江源者三日。旋同测绘员刘殿玉调查图们江，知大浪河乃其正源。又同测绘员王瑞祥调查葡萄山、圣水渠、小白山一带，始将国界地点，了然于胸中，而不能为传言所混淆矣。

前所作长白三江源流考、白山穆石辩、中韩国界说、间岛辩，以及森林、矿产，拟设县治各篇，已于报告书中详细呈明。独于白山之上，天池之旁，三岗之重峦叠嶂①，三江之支派分流，以及草木、鸟兽、沙石、虫鱼之类，略而不载。故去冬谒见时，曾蒙帅谕饬令分类详注，又兼张李两守，迭次函催，故不得不勉其所难。纵明知山水布列，头绪纷繁，文友亦多，莫能参考，以学识之浅陋，率尔操觚[8]，未免为识者笑。然事归实录，字包工拙，在所不计。兹特于所见所闻，聊以笔记，汇成一编，名曰《长白山江岗志略》，以《东荒谭余》附之，敬呈宪鉴加以笔削，致令龙兴重地，著有专书，献作邠风图[9]，以补三百余

① 重峦叠嶂，《丛书》误为：重峦迭嶂，依原本改。

年之缺典，为将来修东三省志者之一助，是所默祷。因叙其缘

起于此。

奉吉勘界委员　选用知县刘建封　谨呈

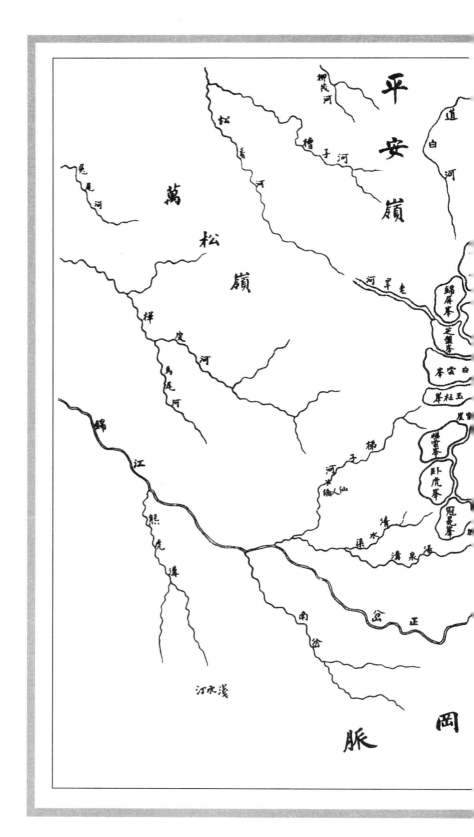

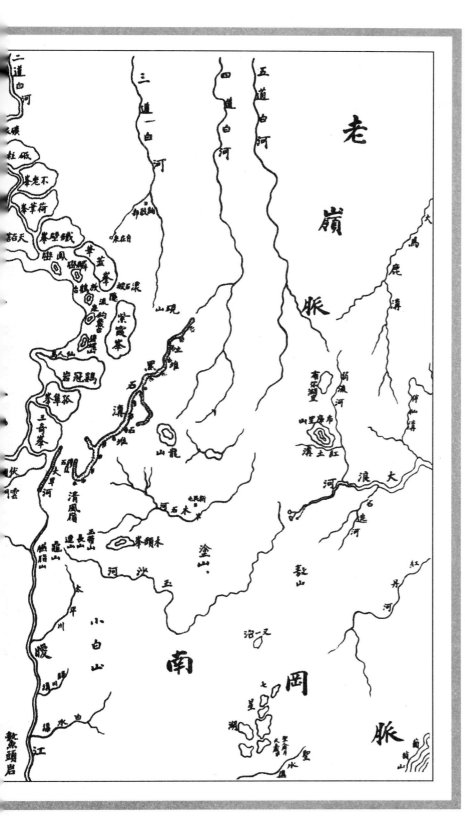

天池附近形势一览图　　刘建封绘制

长白山记

　　长白为王气所钟，襟三江，领三岗老岭、龙岗、南岗，奇峰十六，名胜百二。崔巍磅礴，蜿蜒于亚细亚东北海隅，为一绝大名山，于乎盛矣！

　　戊申夏四月，建封与李守廷玉等，适奉钦帅徐公委勘奉吉界线。五月入山，亲率猛士健仆被被襫[10]，踏靰鞡，头笼碧纱避小咬，腰系皮垫御草地寒湿，直抵山巅，登临天池，徘徊回顾，因有感焉。南望将军 一名天山、葡萄就南胞胎山而言诸峰，嵯嵯峨峨，斜峙鸭绿、图们两江，迤南其为朝鲜故址。箕子之所遗乎！而其东则布库里山俗名红土山。下有池曰"布尔湖里"俗名元池。实天女吞朱果生圣子，我朝发祥之始也。西望赫图阿拉 兴京地方，扶舆灵气，萃聚于此。列祖列宗之流风善政，犹有存者。北俯松花江流域，沃野千里。华韩居者，各安其业。而山林之富，物产之饶，自古称肃慎、粟末、靺鞨、完颜，历代建国区域。其气象之雄厚，宛然如昨。又岂西地长安，南朝金陵所可比隆者哉？虽然有可虑者，尔北沿海各州，为俄割据矣。库页滨海全岛被日先占矣。韩人毁我十字界碑 原立于圣水渠之分水岭及葡萄山下，碑文曰"华夏金汤固，河山带砺长"十字，竟以穆石穆克登所立为凭，又将图赖始祖肇兴之地矣。合办森林，约订鸭江右岸长线自帽儿山东头道沟至二十四道沟为止点，以上属暧江统归吾国专力。横线（以）六十华里为止点，其余龙岗前后统归吾国专办，越界私（恳）[垦]，直赴松江上游头道江、二道江，均有韩侨。长白山以东，捏名东间岛。长白山以西，捏名西间岛①。更于穆石之旁，私立木标，隐用暗侵手段，察其窥伺之心，直觉得尺则尺，得寸则寸。苟有利于彼国，即鸡鸣狗盗无不为也。若是，则长白山一带地方危矣哉！且夫边患之起，不自今始，而其实发端于长白山东南半壁之无人烟。

倘使鸭、图两江以上，添设江巡，则国界可守也。左右两岗之木，变为官有，则林业可保也。设官治民，平时加以教练，则农即兵也。造舟为梁，贸易便于交通，则商必兴也。苟得其人极力筹画，则生聚十年，训练十年，吾知日韩不敢北下而牧马，俄占自将完璧以还我。是吾国创业之始，始于长白；中兴之基，又基于长白也。长白山为南北满政治之关键，盖可忽乎哉！

奉吉勘界员　知县刘建封　谨识

---

① 西间岛，《长白丛书》误为：两间岛，依原本改。

注　释

[1]　怙冒：统括、覆盖。

[2]　蒿矢：草稿或初稿。

[3]　山岔子：今作"三岔子"

[4]　尾闾：古代传说中海水所归之处。嵇康《养生论》："或盖之以畎浍，而泄之以尾闾。"

[5]　勉旃：旃（zhān沾）助词，"之焉"的合音。之焉两字连用的意义：勉旃。

[6]　重：疑为"里"之误。

[7]　坠马崖下　1985年，延边朝鲜族自治州地名办踏查长白山时，将刘建封坠马处命名为"坠马崖"，以做纪念。

[8]　操觚：觚（gū孤）为古代写字用的木板。意为作文。

[9]　邠风图：邠（bīn宾）县，在陕西省，为周朝创业之地。邠同"豳"，古地名，在今陕西邠县以东栒邑县境。此喻长白山如周之豳，为清之龙兴重地。

[10]　被襏（bó shì）：蓑衣一类的防雨衣。《国语·齐语》："首戴茅蒲，身衣被襏。"韦昭注："茅蒲，簦笠也；被襏，蓑襞衣也。"一说，粗糙结实的衣服。《管子·小匡》："身服被襏。"尹知章注："被襏，谓粗坚之衣，可以任若著者也。"

长白山，古不咸山也。帝舜时，为息慎氏所居。息慎即肃慎国。唐人名为徒太山刘仁轨曾此至[1]，亦名为保太白山。五代时，名为太白山，又名大白山。土人名为老白山。《辽志》及《金史》始名为长白山。因辽设长白部在山之阳故也。山上土少沙多，海浮石居其半石轻如粉故名之，树木不生，冬夏积雪，四时望之，色白异常，故名曰长白。中有天池，环池多奇峰。大者有六：曰白云、曰冠冕、曰白头、曰三奇、曰天豁、曰芝盘。小者有十：曰玉柱、曰梯云、曰卧虎、曰孤隼、曰紫霞、曰华盖、曰铁壁、曰龙门、曰观日、曰锦屏。又有伏龙岗、鸡冠岩、汩石坡、悬雪崖、软石崖，四围环绕。池之左右有三泉：曰金线，曰玉浆、曰隐流。池之东北有三山：曰麟峦、曰凤峦、曰碧螺。更有钓鳌、放鹤双台，松甸、草塘二处。偶值天朗气清，临池一观，怪石壁立，绚烂照人。其气象之雄厚，山势之峥嵘，实为东半岛第一名山，我朝发祥之主峰也。自麓至巅，高约三十六里，周约二百四十里。

相传，古时长白山中峰，石黑而高，夜间飞入东海。今海内之铁山，即此山云。

泰西人云[2]，辽东之长白山，系火山被焚而陷者。否则，池深为潭，石轻如粉，水无萍，山无木，果何为者？

土人云，长白山为水悬山，不独中有天池，即群峰下皆水，山浮水上。每至五百年，山即摇动一次，闻而见者有之。

又云，昆仑山有南北中三大干脉，盘踞亚东地方。长白山乃其北干之主峰，故亦有三大岗，绵延于东北海外。

又云，山产大头鸟。嘴短毛白，身长三寸，惟头大于身。飞落石上，每见其首，不见其尾。

又云，十数年前，有猎者在山后击毙一兽，状如豕，前身白，后身黑，首尾甚小。身长六尺余，宽丈余，毛软如绵而暖。人皆呼为横宽兽。

又云，山产四翼鸟。头圆尾细，前两翼长，后两翼短，淡黄色，形同蛱蝶，声似黄鹂。人有见其雄雌双飞者。

又云，山产三足兽。形如狸，前二足，后一足，行即跳跃，善食倒根草，然亦不恒见耳。

又云，山沟有水处，产双脊鱼。色紫无鳞，其背双脊，尾亦双尖。偶一得之，味苦不能食。

又云，山产银貂。毛纯白，长三寸余，暖胜紫貂。猎者每终身不一见。

又云，数年前，有山东五莲山僧人登白山，露宿山中。时值三月上弦，风寒彻骨，夜不成寐，起视黑暗异常。自念入定匪易，徒自苦无益，不如仍回故寺。筹思再四，心力俱疲。复仰卧欲睡，忽见红日东升，仿佛有人出没其间。疑之，窃窥变态。少焉，日上三竿，其东南一隅，楼台绵亘，街巷宏通，长数十里。两旁榆柳，大者数围。行人游览，络绎不绝。到处炊烟缕缕，若都邑然。中有孤塔嵯峨，高万仞，直插云霄。仰视不见其顶，层级莫可枚举。惟第十数层上，飞鹏起落，不下万千。塔下多狮、象、鹿、熊，往来缓缓，与人无争。俄闻歌声四起，响籁天然，若琴，若瑟，若箫管，若筝琶，其音清越宜人。似今乐，似古乐，实为近世所罕闻。未几，炮声震耳，景殊人渺，惟孤塔依稀，尚有遗迹。半钟许，天黑如前，一物无所见。正骇疑间，东方既白，剩有一山濯濯而已。归以告人，众以为山市云。

按，山多尾鼠。身长四寸，足走如飞，惟尾长于身数寸。

按，山产四坠花木本。叶碧茎红，高不盈尺。每至六月始开，白花四坠，若灯笼形。依雪生者尤佳。他处无之。

按，山多小赤松一名矮松。木本，叶青枝紫，枝头结子，色赤，香出累累，始终不见下垂，高者八九寸。

按，山产倒根草。花如红蓼，丛生，不蔓不枝；而根独倒长，专治痢疾。他处未有。

按，山产红叶花木本。高五六寸许。叶如黄杨，形似茶花。其枝头红叶，层层如花朵，故名为红叶花。

按，山上奇花异草，多不识名。惟黄紫白三色特多，但高者亦不过尺余。

按，山产夜光石。白色有银丝，体轻能浮水面。夜间掷地有火光，淡蓝色，明如晓星，故名之。余此次自天池拾得一块，数日后，光微暗，不甚明亮。用水浸之，光如初。

按，山产赭石。古人云："上有赭石，下有黄金。"想此山中必有金矿，特无人探采为可惜耳。

按，山产黑精石。光润坚洁。大者如车轮，惟中有石隔，不能作眼镜。长于化学者，盍取而考验之。

按，山云突起如盖。春夏多雨，秋冬多雪，每至累月不开。入山者皆患云雾漠天。三步外不能见人，往往迷失路径，致数日夜不得返。故近山居之猎户，登者百不获一。

按，长白山脉出自东北海隅。由通肯山蜿蜒千余里而来，曰老岭。其中干为合欢山，为大秫秸垛山。南行为孝子山，为义士阜。折而西为龙山。又西南为长岭，为列宿泊。又南为玉带山、为长山、为连山。折而北为富春阜，为清风岭。湾而东北为鸡冠岩①，插入天池，是为长白山。连山之西南麓，向南偏东，复起一岗，曰南岗，为胭脂山、为小白山、为七星湖、为葡萄山，南行直入朝鲜界内。自伏龙岗向西南，三起三伏，折而西北曰龙岗。自玉柱峰后，向西北又起一岗，曰万松岭。自仙阜之北，又起一岗，曰平安岭。余则重峦叠嶂②，百派分流，尤属可观 支干起落，详述于后。

按形势观之，东有土门，西有鸭绿，两江分入于海，实为朝鲜之管钥。

---

① 《丛书》断句有误，依原本改。
② 重峦叠嶂，《丛书》误为：重峦迭嶂，依原本改。

按地理论之，东北连于完达山为左辅，西南接于千山为右弼，大兴安岭乃其后盾，实为奉、吉、江三省之一大门户[①]。

按，《大清一统志》："康熙十七年及二十三年[②]，曾派大臣登长白山观其形势。其山巅为圆形，积雪皑然。其上五峰，环峙如城。南一峰稍下如门。其中有潭，周围凡一里。山之四围，百泉奔注，即三大江之所发源。"查"山巅圆形"，是就南坡口半面观之。山东北，西南长形，故名为长白。"积雪皑然"，是四时雪积，累年不消之故。"其上五峰，环峙如城"，是立南坡口上，只见五峰而未临天池之故。山大小十六峰。"南一峰稍下如门"，是指软石崖而言俗名南坡口。"其中有潭，周围凡一里"，是风影之谈，原无足据。"山之四围，百泉奔注，即三江之源"，是含混之词，未经详细踏勘也。若此者亦无足怪也。何者？登白山而不知白山之高，临天池而不知天池之深，人皆以为妄；非妄也，未之见也。盖当日调查长白者，实因山中雾气过重，而不得见耳。即偶一见之，亦不过窥其一斑而未得窥全豹云。

按，俄人威尼古氏之说，"松花、鸭绿、图们三江之源，实近长白山至高之峰顶。"此无稽之谈，原不足据。

按，日本报告书云，"三江源在特别高峻尖峰。其峰顶为平坦高原。"此言尤属荒谬。

按，长白山，朝鲜呼为白头山，诚以韩人自南来先见白头峰，犹之自北来者先见白云峰，白东来者先见天豁峰耳。

① 原稿为之一大门户，《丛书》脱"一"字，补。

② 康熙十七年，应为十六年。二十三年，未查到依据。

按地势考之，长白在辽东山岭中之最高峰，若山之白云峰，较之大兴安岭之高峰，实有过之无不及。无如中外各国到者甚少。即有到者，如光绪元年英员陆某、德员古某，三十年俄员依万诺夫，三十一年日员松籁天，三十二年日员依田正忠及测量师平安之助、直井武，又有竹岛音次郎等，露宿多日，每因雨雾雪雹，终未得至其山巅。至中国康熙十三年吴木讷①，五十一年穆克登，以及光绪十一年，吉林所派之秦瑛等，三十四年延吉边防局所派各员，均未敢亲临天池，是以终未能测量夫山高低耳。

按，地脉与人身气脉一理，山为地之骨，水为地之血，土为地之肉，草木为地之毛发，矿物为地之脏腑。故山上有水，如骨上生血同，水中有山，如血中藏骨同。诚以地脉相连，山水不能间断，犹之人身气脉、骨与血，皆痛痒相关也。我世祖以为，泰山之龙，发脉长白，实因地脉相通，海水不能间隔也。彼地理家传于江、放于海之说，不为无因。就地之过峡、界水论之，渤海为泰山之一大过峡。信然。

按，亚西亚洲有三大雪山：中领曰鹅眉山[3]、曰长白山，日领曰富市山[4]。至他处虽有积雪之山，而高度逊之。

按，亚西亚东部有两大山脉，一长白山山脉，一外兴安岭山脉。外兴安岭山脉蔓延于蒙古、满洲及俄领后贝加尔、亚黑尔、亚古德沿海各州。自西南达于东北，长约五千余里，为注入北冰洋诸河，及属东太平洋河流之分水岭。长白山山脉绵亘于沿

---

① 康熙十三年，未查到依据。

海州①、珲春、吉林、奉天及金州半岛[5]。自东北达乎西南，长约三千六百余里，为注入黄海、日本海、大辽河、松花江及鸭绿、图们两江之分水岭。外兴安岭高度合日本二千尺至三千尺，而达于雪线。长白山高度，约合日本一万尺至一万一千尺之数。雪线能达与否，尚未敢定，然就高度衡之，亦必能达于雪线。

按亚西亚东部之寒度论之，外兴安岭有亘古不消之冰田，长白山有千年未释之雪阜，两山脉之寒度均达乎极点。

按山脉之形象论之，长白山脉实为东北海之内罗城，外兴安岭脉乃其外罗城也。

按，《中国图志》五岳四渎[6]，尚属详明。独于长白山三江源流略而不详。诚由于大荒之外，不易履勘。又兼唐宋以来，图学不讲，绘无用之山水、人物，精益求精，非自命为摩诘[7]复生，即自负为襄阳[8]再世，误用聪明于锦罗云笺之上，而于国家版图毫无研究。每致询及本国土域，四围界线，则茫然莫答。即偶有一二测绘，既无理想又无实学，更少探险资格。地舆之方向位置，不求深解，往往颠倒错乱，致有南胡、北越、西晋、东秦之谬。此所谓画虎成狗也。今观东三省全图，则益信矣。余有游山癖，每遇名山，必登高涉险，尽意游览而后已。今奉东三省总督徐委勘长白山一带奉吉两省界线。因公而来，倍加注意。无如山中多雾，九阴一晴，登山者每有百不一见之憾。又兼无木难爨，不能露宿。其露宿处，距山较远，往返终

---

① 沿海州之后，《丛书》用冒号，指包含后面四地。细读原文，前面有"后贝加尔等沿海各州"，所以，"沿海州"之后，应该用顿号，五地是并列关系。

日，人皆难之。故周有二百余里，既无遗迹，又无名称。其为人迹所罕到，抑何足怪！余入山十日，九日遇雨，其间晴有一日。晴而阴，阴而晴者，有五日。因于足迹所到，目力所及之地，相形命名，随时笔记，以致乐而忘疲。虽事后回想，不无可惧。然佳山水皆自危险处得来，不入其中，难得其趣，则又幸矣。《白山纪咏》此次调查长白所作 有云："辽东第一佳山水，留到于今我命名。"又云："十日登山九日雨，踏残靰鞡以皮为之，可御寒湿 两三双。"又云："十六峰头如不见，白山濯濯似牛山。"

天池在长白山巅为中心点，群峰环抱，离地高约二十余里，故名为天池。西南东北长约二十九里。横分三段：北段宽约二十里；中段宽约十里；南段宽约十三里。周约七十余里。韩人以为六十里，日人以为八十里，均就水面之大概言之[9]。池形如莲叶初出水状，三面壅注不流，惟北偏东一隅，水溢流如线，为乘槎河，实松花江之正源。头道白河出北麓。三道白河、黑石沟出东北麓，均入之，俗名松花。二道江、锦江、三岔出南麓。梯河瀑布出西麓。汤泉沟、清水渠出西南丽[10]。桦皮河、马尾河、兔尾河、松香河、槽子河、碱场河、大蒲苓河、小蒲苓河、柳茂河均出西北麓，入松花。头道江、暖江鸭绿江源、太平川入暖江出南麓。木石河出东南麓。大浪河土门江源、石逸河出南岗。诸水之源流大小不等，而其实皆池水所贯注者也。池之中，水性甘冽，碧净无尘，冬不结冻，夏不浮萍。池之旁，白雪、赤松、隐泉、怪石。四坠花木本，高不盈尺，倒根草草本，秀少双歧，余则苍苔、白苔，互相掩映而已。平日烟云缭绕，累月不开。抑或乍阴乍晴，若隐若见。至飓风突起，暴雨猝至，沙石飞腾，冰雹骤落，乃其恒也。临池上下，陡险异常。遇有大雾，入者每不得出，实为人迹所罕到。故池上至今无遗迹云。

土人云，池水平日不见涨落，每至七日一潮，意其与海水相呼吸，故又名海眼。

又云，池水清浅处，可以行人。数年前，有猎夫自碧螺山下，渡至补天石旁，其中有热如汤泉，冷如冰海之处。五步外即深不可测。以足试之，滑腻异常，故又名温凉泊。

又云，十数年前，有猎者四人至钓鳌台，见芝盘峰下，自池中有物出水，金黄色，首大如盎[11]，方顶有角，长项多须，低头摇动如吸水状。众惧登坡，至半，忽闻轰隆一声，回顾不见，均以为龙，故又名为龙潭。

又云，池中雷声时作，音同炮弹，百里外犹闻其声，俗呼为龙宫演操。

又云，平时水声澎湃，响如鸣金戛玉，俗呼为龙宫鼓乐。

又云，每至夏日，麋鹿[12]往来池中饮水、洗角。或云，池边多碱，鹿善食碱，来寻至此，故汩石坡①、梯云峰两处多鹿踪。近山居之猎户，偶于夏日，或聚集五六人、十数人，缇衣秣輠，睢盱拔扈[13]，持枪伏于坡口，俟其出而击之，俗称为杜坡口。

又云，每年三月间，陡有黑云自西北来，大雨雹至天池不见。阅数日忽由池中突起五色云，向东南而去，惟黑白两色居后。

---

① 汩，《丛书》误为汩。

迨十数日，见云自东南飞来，仍入池内，而黑云不在其中。相传，黑龙江龙王会同天池龙王，朝宗东海云。

又云，前有道人登白山，由悬雪崖下临天池，见有倒麟[14]鱼数尾，赤白色，跃于池中。涉波捕之，得其一，放置玉浆泉；仍向前捕，失足堕池中，石滑不得上，伏石而下，约百余丈。忽而矗立石层如梯。道人疑其入水不没，不妨下梯以观其异。手扶梯下六丈许，左右多洞，周视洞口，方圆大小不一式，皆有石床居中。惟左一圆洞，床上有一老人仰卧，鼾声如雷，不敢前。退趋石梯，跋磴奔波，如登天然。百步外回顾洞口，五色射眼，巨浪滔天，心愈恐而力不能支。伏径少歇，恍惚若睡，觉身如萍梗，随水荡漾，莫知所之。醒时开目视之，见二猎夫立其侧，身已在乘槎河上。盖猎者见池内一人浮水而来，意自西坡口渡东坡口者。道人历言其事，始悟为龙所居。次晨，偕猎夫往玉浆泉观鱼。至时见鱼犹跳跃，以手捕之，竟入泉中不见。

按，池水四围，白沙环绕，绉纹如线。余初临天池六月二十八日，天气忽阴忽晴，始闻雷声继闻鼓声。霎时雾起，眼前一物无所见。少焉，雨止天晴，池中西南一带，全形毕露，因致祭焉。《白山纪咏》有云："愿看白山真面目，乞晴还得拜龙君。"

按，池水西南深于东北。七月七日，余再到天池。此次由汩石坡而下。① 天气清明，近视之，水澄清如镜；远视之，池中五色灿烂，现象不一，如云峰石印入。何以近视不见？如云，山云掩映。何以晴时不变？盖灵秀所钟，无美不备，其为地气之蒸腾，

① 汩，《丛书》误为汨。

理犹近之。

按，《八旗通志》：长白山高二百余里^[15]就地势而言，绵亘千余里就通肯山至小白、胭脂各山而言，雄观峻极，扶舆灵气所钟。山之上有潭，曰闼门就乘槎河自天池出水而言。周八十余里就大概而言，源深流广。鸭绿、混同、爱滹出焉爱滹即暖江，为鸭绿之源，是一江也。混同系指松花二道江而言。

据引路人徐永顺云，光绪廿九年五月，其弟复顺，随王让、俞福等六人，在汨石坡下杜坡口^①，忽见两鹿登坡。俞放枪击之，两鹿下坡入池。六人尾追扶石下。王枪毙其一。其一入池不见。六人得茸甚喜。王欲抽取鹿筋，方提刀剖割，俄而大雾从池中陡起。六人对面不相见。候两钟余，雾不散；跪祝乞晴，而天黑如故。王拟弃鹿返。五人曰："不可。坡石汨动，往往伤人，如此黑暗，寻亦不易，乌敢行！"王曰："吾等静候可也。"六人坐卧池边，至夜半，寒风透骨，饿不能寐，共餐糇粮而尽。未几，天微明而雾仍如故。坐候数刻，淫雨飞落，湿透衣襟，兼之腹饥难忍，俞曰："将若何？"王曰："食鹿肉，饮鹿血，亦可疗饥。"众皆割肉而食。复顺不能下咽，抛而弃之。霎时雷雨交加，众皆哭不成声。旋又入夜，见池中三五明星，忽起忽落，倏而泼剌一声，自空中落一火球，大如轮。水面万千灯火直同白昼。复顺曰："可以行矣。"王与余曰："禁多言。"少焉，炮声轰隆，宛如霹雳，波浪涌起，直冲斗牛。六人战栗不敢动，无何，风平浪息，池内亭台高耸，插入云霄。俄闻空中讴歌，

---

① 汨，《丛书》误为汩。

余音袅袅，忽而鼓吹大作，乐殿光明，四围洞彻，状如水晶。陈设古雅非凡，男女往来上下，指不胜屈。惟身躯皆在九尺以上，不似平人。方惊疑间，适来一物，大如水牛，吼声震耳，状欲扑人。众益惧，相对失色，束手无策。俞急取枪击放，机停火灭。物目耽耽，势将噬俞。复顺腰携六轮小枪，暗取放之，中物腹，咆哮长鸣，伏入池中。半钟余，雹落如雨，大者寸许。六人各避石下。俞与复顺头颅血出，用湿衣裹之。池内重雾如前，毫无所见。又两钟余，东方晓亮，云淡风清，微露峰尖。六人匍匐寻坡，上至葡萄山前高丽窝棚，病卧十余日，俞与复顺伤始痊。枪弹、鹿茸各件遗失无存，至今不敢再入天池。徐永顺言之凿凿，故志之。《白山纪咏》有云："欲到天池先患雾，入时不易出尤难。"

白云峰，长白山主峰也，在天池西稍北，圆而高大，临池耸立，崔巍磅礴，望之直插星汉。云触石而出，多白色。天晴时，群峰毕露，独此峰烟雾缭绕，或终日不散。峰顶气势雄壮，崇山隐天石，玲珑若云窟。他峰逊之。自池至巅，约有十二里。

相传，前有人迷入峰巅，见石白异常，其凉彻骨。用巾裹零星小块，携归示众，皆以为冰片。试之果然。后再寻之，则云深不知处矣。

按，长白山此峰最高，由岗后东上二百里外，即见此峰。白云遮绕，乃其常也。《白山纪咏》有云："看罢归来回首顾，白山依旧白云封。"

冠冕峰，在天池南偏西，重峦叠嶂①，气象端严，望之有冠

---

① 重峦叠嶂，《丛书》误为：重峦迭嶂，依原本改。

冕形，故名之。由池至巅约十一里余。

土人云，峰下四时积雪，高十余丈，俗名雪山。下有冰穴数处。每见穴中，炊烟如缕。或疑为仙人炼丹于此。

白头峰，在天池南稍东。山丰隆高起，上有孤石独峙，形如佛顶。朝鲜名为白头山，以其形相似也。峰下峭壁嶙峋，伏视天池，近若咫尺，洵巨观也。由池至巅约十一里余。

余自云门扶石而上，被雨阻，未臻绝顶。至今言之，犹以为憾。

三奇峰，在天池东。三峰比立，石峙琳琅，影印天池，其秀色可掬，仿佛海上三山留在人间。峰下多五色石，鲜妍光润，令人可爱。登者每拾赤黑黄各种，置之案上。朝夕作供，其生机勃勃，颇有异趣，黑者尤佳。由池至巅，约十一里余。

天豁峰，在天池北偏东。峰起双尖，中辟一线，有豁然开朗，令人不可思议之趣。前面向天池，土色黄，望之如二龙蟠踞顶上。峰后石多赤色，亦颇耐观。每至冬日，雪凝峰间，直同白虹，插入天汉，尤觉十分出色。由池至巅，约九里有奇。

相传，山缝为大禹治水时所劈。

土人云，峰顶夹缝中，隐有洞口数处。登山者往往见有蟒蛇出没其间。

芝盘峰，在天池西偏北，南距白云峰，约有五里。中间隔一仙阜，峰顶有一草甸，形圆如盘。每至严冬，他峰雪积如山，惟此峰独露其顶。由池至巅，约十一里余。

土人云，顶峰产芝草，鹿多居之。峰高而险，为人所罕到，常见鹤、雀、雕、燕不时飞落其上云。

玉柱峰，东北距白云峰二里，状如玉柱，实为主峰之辅弼。峰耸起而秀，形势突兀，高不可攀，过者无不仰视。东麓泻出一水，悬流如线；下入天池，即金线泉也。由池至巅，约有九里。

土人云，峰北麓，坡度稍缓。前有猎者数人，杜西坡口见花鹿四只，其项有挂金牌者、有挂银牌者。用枪击之，鹿环玉柱而走。众随之，将近峰顶，倏忽不见。而烟雾陡起，莫辨东西。众绕峰转，走两日夜，始得返。盖俗挂牌之鹿，皆受封者，寿已数百年矣。名为仙鹿，未可击也。

梯云峰，北距玉柱峰二里。峰脊出梯河瀑布，积雪亦多。由池至巅，约有七里。

卧虎峰，北距梯云峰里余。临池多虎踪，人不易行。峰后起一小岗，积雪累年不消。前有虎径，斜长五里余。由池至巅，约有七里。

孤隼峰，南距三奇峰半里余。峰顶尖秀峭古，向西南斜而有力，形同孤隼，层山之中，特树一帜，令人望之而生独立思想。由池至巅，约七里有奇。

紫霞峰，南连孤隼，沙土紫色，石参差错落，颇有生气。每至天暮，池中出云，缠联峰顶，如丝如缕。其纠缦之状，宛然天半朱霞长留此间。西接鸡冠岩，悬崖绝壁，星垣睥睨，尤为出色。由池至巅，约八里有奇。

相传，峰产宝石，遥望之，光如明星。

华盖峰，南接紫霞峰二里余。山形如盖，其出云还云，状亦如盖。每至春冬，常见五色云遮掩顶上，即风雪交加，亦不散去。山池至巅，约有八里。

铁壁峰，东南与华盖峰相连①。土色黑，状若铁壁。由池至巅，约七里余。

相传，有人采药至此。忽见峰上悬灯结彩，金碧辉煌，中间悬"朱"字无数，多不能识。惟"福""寿"字不篆不隶，形似鸟虫，尚可辨。归语人皆以为诞。再往始终不见。

龙门峰，在乘槎河西，与天豁峰对峙而低。池水溢流而出，状若门形，故号曰龙门。由池至岭，约有七里。

世传，大禹治水曾至峰上，旁有一石，上似蝌蚪字形。人目之为神碑，今已模糊难辨。土人云，数年前有人至峰前，见鱼数尾，红黄色，跳跃乘槎河上，以石击之，霎时狂风大作，白雨暴落，连声霹雳，而鱼亦逝。

观日峰，东接龙门三里余。峰起一尖，登而望之，海阔天空，可以观日出、日入。由池至峰约八里。

土人云，每年三月三日夜半时分，一遇天晴，见日如红球，自海中出。出时三起三落，而水之波翻浪涌，忽上忽下，历历在目。尤足令观者，移情海上。

锦屏峰，在芝盘、观日两峰之间，宛如屏风。猎者因其形若城垣，又呼为城墙砬子。由池至巅，约八里有奇。

相传，女真国王夜半闻白山崩裂声，命人往视。至时，积

---

① 铁壁峰，实际东南与华盖峰连，非西南，迳改。

雪满山，不易登。候月余，自山右上，他峰毫无形迹。惟此峰后，见一巨雹，大约六十余围。试之，坚不可破，因名为雹山。闻国初尚有遗痕，今则见有白雪一堆而已。

乘槎河，水自天池泻山天豁、龙门两峰之间，波浪汩汩，形同白练，即严冬不冻。下流五里，飞泉挂壁，宛成瀑布，声闻十里外，俗名吊水湖。北流二十五里，名二道白河，实松花江之正源也。

小白山猎户徐某，十数年前，曾见河边有一独木舟俗名卫护，横于东岸。余寻松花江源，至不老峰下，犹见河上，斜置一木，不似舟形。

按，此处树木不生，人迹罕到，一木自何而来，令人莫解。

鸡冠岩，在孤隼、紫霞两峰之间①。石土多黄、赤、黑色。危崖高耸，起伏争妍，斜插天池中。形同鸡冠，俯池饮水，生机活泼，出自天然。但异常陡险，人不能登耳。东西长约八里，宽约半里，高约六里。

按，鸡冠岩是结长白山之来脉。

伏龙岗，在白头、三奇两峰之间。西南高起如龙首。石多五色，灿烂可观。平时池水逐石，鼛鼟之声闻十余里②。所谓洞天福地者，此也。岗顶平坦，花草繁盛，与他处不同。西南东北长约六里，高约七里。

相传，岗下池内多石洞，为龙所居。传曰，深山大泽，实

---

① 鸡冠岩，在孤隼峰之下，不在孤隼、紫霞两峰之间。两峰之间是一片坡地。

② 鼛，《中文大辞典》标音：磴。鼟，《中文大辞典》标音：彤。《丛书》误为：鼓隆。依原本改。

出龙蛇，信然。

按，龙岗脉发端于此。

按，岗西南廿余里，俗呼为双龙尾岭，周长白山前后，百卉葱茏，莫过于此。一望而知，为龙岗之起点。《白山纪咏》有云："闲花点点绕龙尾，野草深深打马头。"双龙尾前新辟羊肠草道可达娘娘库地方，能行人马。花草繁衍、云峦突兀，真可谓山川灵秀之气所结而成也。

仙阜，在白云、芝盘两峰之间。中间高起一阜，故名为仙阜。长约四里，高约六里。

马尾河猎夫王某云，秋日天晴时，常见数人把酒阜上，吟咏谈笑之声，隔岸犹闻。及赴阜前，倏忽不见。

又云，月夜三更时分，往往见阜上无数火球，起落高下不一状。人皆以为神仙丹术吐纳秘诀，借此阜为试验场耳。

戊申四月，余与李石臣太守、李择臣大令，过柳条边门，夜半见火球于岭上。在临江于重阳夜，同史育廷别驾[16]，见火球于鸭绿左岸。犹忆三十一年八月，在海龙郡署，同族兄鹤峰见火球于署后之九龙口。仆役惊疑，以为罕见，真可谓少见多怪矣。

悬雪崖，在玉柱、梯云两峰之间，俗名西坡口。崖多海浮石，滑软异常。坡度急处，积雪丈余。长约十数丈，累年不消，故名之。崖高五里，宽二里，坡七十五度。

闻中外各国登白山者，半由汩石坡、软石崖两处而上，曾未有到此崖者。盖引路人不知故也。余此次登山，五道坡口，惟软石崖被雨阻，未臻绝顶，余则皆到。如下临天池以此崖较易，但浮石碎而柔滑。自池至崖，每有进三步退两步之艰。池边眺望，只见峰头十二，若芝盘、紫霞、观日、锦屏四峰，未易窥其项背耳戊申六月二十八日午后两钟。

崖上暑表四十度，池中六十二度。《白山纪咏》有云："雪崖上下五华里，暑度居然廿二差。"[17]①

软石崖，在白头、冠冕两峰之间，俗名南坡口。崖峻而险，沙石软如面粉。高六里，宽二里，坡约八十度。

相传，国初有人至崖上，闻崖中斧锯声甚厉，若兴土木者。侧耳静听，闻人言："明晨大王来此验工，汝等速修造，否恐受责，汝等未闻北阁误工，洪十被责之事乎？"众应声若雷。心惊疑，念此处绝无人烟，安得匠作？拾巨石抛池内，声遂寂，归言其异，适有邻人云："前数日，高丽木把洪十梦误修龙宫，见责臂生疽今始愈，或即此欤。"

汩石坡，② 在紫霞、华盖两峰之间，俗名东北坡口。石分五色，黑者明如墨精，惟光不透水。大者合抱，小者盈握。他色不甚光润。石悬坡而动，遇有大风，石即转移。峻嶻崎岖，行者无不畏其陡险。中间有黄土一段，约十数步，滑不能履。坡高有五里，宽约半里余。余由汩石坡再临天池，③ 险危异常。手攀石，足试石，探之不转而后下，否即不敢蹬。上坡时，仆王桂在前，腰中系带，垂其

---

① 查李澍田先生生前转赠之复印件，亦为"二十二差"。二十，应为廿。因这是两句七言诗，不应成为八字句。此版迳改"二十"为"廿"。

② 汩，《丛书》误为汨。

③ 汩，《丛书》误为汨。

两端，手足匍匐而进。余一手握带，一手扶石，后有队兵苏得胜用手扶持，而始得前。兵仆各受石伤数处。计下时休息十九次，上时休息五十二次。自沈阳至长白山东之红旗河，往返数千里，其艰险未有如此之甚者。临池四顾，惟白头、三奇、玉柱、孤隼四峰不得见。冠冕峰犹能窥其半面，实为白云峰、鸡冠崖所隔耳。但自下此坡庶觉此游不负。否则白山之上，天池之旁，二台，三山、隐泉、怪石、豹崖、仙阜、花甸、草塘，皆湮没不彰云。计巳时下坡临池，申刻上坡，池内云雾突起，两步外不能见人。引路人徐永顺叹曰；"此时如在池边，吾辈想出天池难矣。中外各国来者不少，曾未闻有一人敢下临天池者，职此故也。"余与兵仆等，始信其言之不谬。坡上暑表三十五度，池边六十度。

碧螺山，又名小蓬莱，在鸡冠崖下天池之东。山多五色石，四坠花。每当晓日初升，夕阳晚照，其雄虹万丈，瑞霭千层，出没隐见，映出山尖，远望之若碧螺云。高约里余。

钓鳌台，在天池东北岸，东距泪石坡半里余。[1]顶平高起如台，碎石颇多，高七丈有余。

相传，前有猎者数人到泪石坡，[2]见一叟持竿钓于台上。呼之不应，众疑其非人。一猎夫下猎视之，至台上见叟科头赤足，被桦皮蓑。金钩大如弓，篮中一无所有。揖而问之，亦不答。少焉，把竿提篮，顺池边逶赴仙人岛而去。猎者候至日夕，终未见其

---

① 泪，《丛书》误为泪。
② 泪，《丛书》误为泪。

出云。

按，台上有一石堆，相传女真国王登白山祭天池，曾筑石于台上，故至今尚有遗迹。

按，台前后产青苔、白苔，同生一处，而两色各成一片，不相混杂，亦奇观也。

余登台思钓，遇风有感。《白山纪咏》有云："一线情长何日了，半天风起与心违。"

放鹤台，南距钓鳌台六十余步。台上每有白鹤飞落，日夕尤多。临池沙滩约有数里，光明如镜，真仙境也。台高五丈余。

余带向导与兵仆三名，遨游于二台之上。把酒同斟，烹茶分饮。时当日午，登台四顾，则见山明如画，水碧无尘，海燕双飞，金鸡对舞金鸡、海燕，他处未有。碧螺山雄峙西南，隐流泉线悬东北。熏风吹我，万籁齐鸣。池水生波，锦纹毕露。偶见鹿游溪畔，与世无争；忽听鹤啸云霄，有声皆韵。问谁筑室山头，大辟五千年蓬莱仙境，使我游艇水面，创成四百兆华国公园。盖天池之旁，向无人迹。今见二台、三山名胜若此，庶觉尽东北海外之大观而无憾，故志之。《白山纪咏》有云："信是天池名胜地，两台看罢看三山。"

麟峦，在天池东北，铁壁峰下，高约半里。

凤峦，东距麟峦半里许。上多沙石，高半里。

补天石，在龙门峰东，天池出水之处。石半居水中，半居峰上，特起而高。窥其形势杜池水口，作中流砥柱，亦似有补天池缺陷之象，故名之。石出水面，高约七丈余。

牛郎渡，在乘槎河口。一石斜横如小桥，水流石上，高石尺余，往来可以渡人，故名之。

支机石，在鸡冠岩下。五色玲珑，光芒射眼，时有黄云围绕其上，故名之。

金线泉，源出玉柱峰东，流入天池，斜垂如线。近视之，水露金星，秋冬雪掩无痕；夏日盘旋有情，令人可羡。水线长约五里余。

相传，泉中有双蛇，生翼能飞。每一出，天降大雨，故至今有"飞蛇出，天必雨"之谣。《白山纪咏》有云："白山遇夏时多雨，想必双蛇日日飞。"盖破其迷信也。

玉浆泉，西南距天池六步余，流入天池。水净沙明，清濂可悦，故名之。

余初饮天池，继尝泉水，其味甘洁相等。《白山纪咏》有云："诸君若到天池上，须把银壶灌玉浆。"即指此泉言之。

仙人岛，在鸡冠岩北，长三里，宽里余。

相传，乾隆初年，朝鲜有一樵者，入砚山采药，闻牛鸣，仰视一叟骑牛。自黑石河左岸，驱而过。后随六七人，各负箱笼，争往白山，似赴市者。心疑之。念近中无此市廛，尾随以观其异。无何至汩石坡口①，见鸡冠岩下，绵亘六七里，宛然城郭。老幼男女负者、担者、骑者、乘者，纷至沓来，络绎不绝。樵夫下坡入市，历城门，循街衢进。两边多板舍，皆空。惟茶园、酒肆、货店、戏场珍奇罗布，焕若昆仑。其楼台连亘，朱堂华阙，

---

① 汩，《丛书》误为汩。

迥异寻常。忽而雷雨大作，男女各分蔽板舍。少焉天晴，市人拥挤，争赴西门。樵夫从行二里许，见城外湖水荡漾，画舫渔舟，不下千百。岸旁肆中陈列，多菱角、莲子、鸡头米，果品不一物，购食之，味清馥。余纳诸怀，喜而登舟。过木心亭，阅临池阁，凭栏远眺，水天一色，花雪比邻，俨然别有天地。未几，夕阳在山，人影散乱，樵夫下舟登岸，寻古道返。奔坡上至避风石前，坐而少歇。回顾岩前，惟有烟云缭绕而已。手探怀中，莲子数枚尚在。归以示众，人以为仙市云。

向阳草塘，在锦屏峰下，长约四里，宽约二里。

讷殷部白某云，前有人见草塘中，牧牛羊人时常往来，呼之不应。人皆以为仙人牧场。

赤松甸，在玉浆泉东北。甸多赤松，高不盈尺，故名之。长约里余。

白花溪，在卧虎峰下。溪多四坠花，积雪之中，独出一枝，状如梨花带雨，令人可羡，俗名为雪裹花。溪长二里。

余至此遇雨。《白山纪咏》有云："关心飞雨过，冷眼替花愁。"

石虎滩，在松甸东。怪石林立，横斜仰卧不一形，望之如虎，故名之。滩长里余。

风月窝，在鸡冠岩西。夏日花草满畦。登山者每见仙鹿出没其中。长约三里。

乐寿峪，在孤隼峰下。石立参差，出自天然。长约里余。

隐流泉，悬流汩石坡半崖中[1]。下击碎石，湍湍有声。水流

---

[1] 汩，《丛书》误为泪。

半里许，隐于石中不露。至今流水处，多有溜痕。

避风石，在汨石坡上^①。登望天池，如在目前，游山者，一遇寒风，借石避之，故号为避风石。余三至石前，坐而休息。因于石上镂六字曰"天池钓叟到此"，聊识长白之游。《白山纪咏》有云："石边镂字者，也是避风人。"

仰月坡，在伏龙岗东北，三奇峰南，坡度急，不能下。

还云洞，在白云峰上，今隐而不见。

濯足石，在金线泉下。池水围绕有情，高山水五尺。桦皮河猎夫刘凤翔，常见有一僧人濯足石上。

洗儿石，在石虎滩下，近临天池，高七尺余。

相传，七月七日，有天女抱儿洗于石上。数年前有韩人在石旁，拾小儿衣一件，领袖如恒，惟无缝，淡黄色，软如绵，疏如葛。入水不染，入火不燃，有异香，终日不散。知非人间物什，袭藏之，经月余失所在，始终未获。

星星石，在避风石南。石形元大，夜有异光，人呼为星星石。

隐豹崖，在冠冕、卧虎两峰之间。崖下深僻，与白花溪相接。

余在天池旁，遥见隔岸一物，缓缓而行。以千里镜窥之，一豹也。引路人举枪欲击，余止之。

云门，在伏龙岗之阳，俗名南天门，又名石门。门右一石，高而耸起，状如武将立像，有凛然不可犯之势。门左一石，如佛坐像。近视东边复起一石，亦如门形，俗呼为东便门。中间一石，斜卧如梯，黑色，光洁如墨精然。

---

① 汨，《丛书》误为汩。

宝泰洞，韩人云，数年前，有打貂者甲乙同行走橡俗验打貂之木曰走橡误入大旱河。至云门下，见门内有异彩触天，红光射眼，心疑为怪。往视之，登门上，光少入，敛于沙中。甲以手掬沙尺余，露出一尖，色如桃红宝石，心艳之，恨两边乱石塞满，不少动。又无镢劚[18]，莫可如何。乙焦急，从旁另觅一石击之，有金声。重击数十下，毫无所损。踌躇苦思，计无所出。甲曰："天将暮，吾二人暂回宿。明早带铁具来，必得此物。切勿告人。"掩其迹，并堆沙作记归。次晨，乙唤甲起，持镢锹往至沙滩，刨五尺余，始终未见。至今门中尚有遗迹。

鹤燕居，在观日峰前。野鹤、海燕每聚于此。偶闻猎枪声，其骇瞿飞触之状[19]，尤足耐观。

鹿径，在梯云峰前，斜插天池。登山者常见麈鹿麇麔，骈田偪仄之象[20]。

余立濯足石前，见有数鹿，往来其间，若不畏人者。

仙人梯，在梯子河上，石层如梯，故名之。

土人云，前有郑炮过此，遇十数人顺梯而上。追随至顶，犹闻笑语曰："后有痴子追我，请疾行。"转瞬不见，惟一金杯在前，拾而藏之。后被东岗刘姓购去。《白山纪咏》有云："有时借得春风力，直上青云不用梯。"

古洞，在冠冕峰下。至隐约犹有遗迹。

土人云，嘉庆年间，有人放山入山采参，俗名放山至天池。见峰下一石洞，洞口多登台[21]、二角[22]小参为登台、为二角。念洞中必有佳者，伏入数十步，黑暗不得进。意欲返，忽露明光。因葡匐入[23]。约十余步，豁然开朗，遥见数里外，有茅屋两三间。就之，一老者出。衣冠皆古，不类近世。揖与语，乡音不通。老者以手指西，似挥其去状。放山者识其意，西行十余里，遇一深涧。岸上菜花、狼头、公鸡皆参花名，花色鲜妍，参苗满地，多四、五、六披叶者，皆老山不似山了[24]。采置背夹[25]未满，而龙爪、跨海、牛尾、菱角、金蟾、闹虾、雀头、单跨、双胎[26]，各种俱全。独状少人格[27]，意犹不足。扶石入沟，见沟底红朵累累，茎高如树，大可盈把。心惊喜，仍同前采之。忽一少女自沟中出，怒曰："青天白日，窃我园中物，背夹将满，犹得陇望蜀，是无厌也。"以手撮沙泼之，迷目不能视，知非凡人，诡而乞情。女曰："我不杀汝，汝速行；倘遇吾母，生还不得也。"放山者起，目亦愈，视之，而女不见。急奔数里，闻水声潺潺，鸟语虫鸣，身已在石洞中。攀松扶石而上，盖梯子河之仙人桥也。计程已五十余里矣。视背夹参尚在，喜而返。后偕数人往寻洞，不能入。故至今犹以为参洞云。

七里滩，在华盖、铁壁、天豁三峰之下。

落笔峰，在天豁峰北偏东，形如笔尖。

不老峰，在落笔峰北偏西。

砥柱山，在不老峰西。乘槎河由山根下流，声闻数里外。

玉壁，在龙门峰北。乘槎河顺壁而下。

砚山，西南距白山七里，在黑石沟、三道白河之间。山形如砚。

龙山，在黑石河南。高约二里。

土人云，曾前山迤东，鹿窖不少，野刀亦有之。盖刀用丝线挂于树根，可以砍野兽。

列宿泊，在黑石河前后。水二三尺不等，沙底毕露，濂漪可爱。大者周约三十余步，其方圆宽窄不一。登华盖峰望之，灿若列星。

鹊岭，在白山东北麓。每见孔雀各鸟，飞落其上。

清风岭，在大旱河东。

穆石，在清风岭东，系穆克登所立。

按，光绪三十三年，日与韩人树木标于石右。高八尺余，四面书字，模糊难辨。惟"至"字、"余"字、"为"字，尚能认清。

余寻穆石于岭旁，视其文曰："乌喇总管穆克登奉旨查边至此。审视西为鸭绿，东为土门，故于分水岭上勒石为记。康熙五十一年五月十五日。"末书①："朝鲜笔帖式[28]苏尔昌、官二哥，军官李义复、赵台相，差使官许梁、朴道常，通官金应德、金庆门。"顶上横书："大清"二字。思拓印，遇雨。纸亦罕贵，仅印两张。一呈奉天公署，一呈吉林公署。字迹不甚清楚。迨返，寻露宿处，迷径。过夜半，风寒雨湿，兵仆忍饥耐冷，扶余周砚山而走。至三匝，汗雨交杂，怨不成声。时至五更，雾散雨晴，峰尖微露，始辨南北。迨至设帐处，则东方已白矣。计迷行五十余里有迷达表可识，经绝壑大小二十余处。兵仆皆病。余亲调药并煮参汤饮。二日后，始愈。《白山纪咏》有云："迷入砚山走三匝，寻碑不

---

① "末书"二字不是碑文。《丛书》将此二字作为引文，乃误。

易宿尤难。"又云："夜半山深风雨冷，龙吟虎啸紫貂啼。"

黑泉，在冰山东，相距里余。土黑如墨。泉水出于其中，微有黑色，故名之。

冰山，在黑石沟南。沟内千年积雪，结成冰山。下有一洞，深六尺余。冰棱下垂千余，柱状若水晶宫。

土人云，沟内多元狐。猎夫见者，每击之不中。

按，冰山下多小洞口，人皆谓火鼠[29]所居。

沙岭，西北距列宿泊五里余。沙积如岭，长里余。余过岭上，见下有木架横斜沟中。命仆入沟，取出视之，乃照相架也。引路人云，光绪三十二年，王耀带俄人数名至此遇雹，遗物不少，今仅拾一木架，其为俄人所弃无疑。又云，日人年前至此，遗失之物亦多。

苍头岭，一名长岭，即老岭之干脉也。在龙山西南，长十余里。

松舍滩，在龙山南。小松高丈余，均向东北，宛如厦形，约三十余处。入山者每避风雨于舍内，近视松枝连理，颇有异趣。所谓山川灵秀所钟。信然。

双泉眼，水出长岭南沟。下流为木石河源。

自在泉，在华盖峰东。水自峰腰流出，声亦微细，盘旋有情。下流为三道白河之正源。

廉水泊，在穆石西。泊小水浅，清濂可爱。

雪岭，在芝盘峰后。

雪涧，在玉柱峰后。

雪井，在白云峰后。

木石河，源出双泉眼。两岸多松，上游有水处无多，中多白石，下游无水，至徐棚东_{即新民屯}。即散漫无河身。长约二十八里。

余寻三江源，至河上坠马崖下，腹背受伤。危而复苏，露宿河边。四日饮山羊血、虎骨胶始就痊。前闻韩翁如二尹[30]，谈及山羊血专治跌伤，心血尤妙。试之果然。据土人云，亦能治妇女血分病，虎骨胶专治腰腿痛及下部虚寒。《白山纪咏》有云："白山有幸留知己，坠马河边死又生。"

炭崖，在木石河下游，徐棚东南。崖深两丈余。

按，崖底出木炭甚多。猎者每拾以为炊。土人因其出于地中，故以"神炭"呼之。语云，地不爱宝，信然。余过此拾有数块，燃之以烤鹿脯，与寻常木炭无异。但以两丈深之土崖，能产木炭。大者拱把，小者一握，亦奇矣。

沙门，西南距炭崖四里余。两岸高数丈，多白沙，河底无水，中有大块沙若干，堆立矗起，其形如门。内一永道，行人出入无阻。门两边沙岸险要，人不能行，水亦不得出。门上生松，大者盈把。门高丈余。土人云："同治初年，见一松根蟠踞门上，高约四尺，大可两围。后即不见，盖被猎者焚毁耳。"

又云，每年六月六日天将曙时，闻门内外，车辚马萧，有大将班师凯歌入关之声。往观之，声寂然。行里余，声如故。日出乃止。

按，门旁有蜂花，淡黄色，其形如（峰）[蜂]。

又产蝶花，深蓝色，其形如蝶。《白山纪咏》有云："信是东方春意足，奇花异草不知名。"

按，该处山葡萄甚多，子黑而紫，味酸异常。土人采而食之。

木头峰，西北距天池二十六里。四围皆松，惟西北顶上多沙石，树木不生。高约三里余。

土人云，峰上产雕三种：曰大雕、曰坐山、曰白尾。余登峰顶，见数雕，体大如轮，飞落峰上。但未见其巢耳。

又云，十数年前，有一木把朴姓，韩民归化者，结舍于玉沙河边。寻棒松松类木质，坚劲异常，俗名棒松。至峰下，见一木大可盈把，枝叶皆黑如漆，以（釜）［斧］砍之，（釜）［斧］折。视木毫无所损。举手折枝，不少动；采其叶，叶堕如铁片。惊疑莫可如何。返持叶示同伙，均以为怪。次晨，携镢偕数人往。树宛在。轮替刨劂，木倒，体重异常。二人抬之，沿途休息，至暮始归。弃置庭中月余，叶不脱落，群呼为铁树。一日朴语众曰："此木如铁，以火炼之，未知能作铁具否。试之若何？"众诺之，争燃煤火。俄一僧至，见众移木，问之，答以化铁。僧曰："似此一木，安能成铁，即是铁能值几何？汝等徒费力无济，不如留之，否则售于我。"朴喜，按铁百斤估价，僧探囊出碎金购之。僧用腰带系木，负之而去。朴等皆笑其痴。后数年，朴遇僧于圣水渠畔，见其坐睡于十字界碑之下。唤之醒，问铁树存否？僧曰："明告之，汝所谓铁树者，乃铁珊瑚也。生于山者，为盘古所栽。环球上仅有五株。予已获其二，余者予犹寻之未得耳。"朴笑之。归与人语，众皆奇之。余于吾乡丁野鹤先生之七世孙家，见先生所遗铁珊瑚树一株，能辨阴晴，高不盈尺，每用金屑灌之而后生。若此树较丁家之树大十倍，若用金屑，所费倍蓰[31]，宜僧购树时，囊中携碎金多多也。

按，峰下多夜光木。盖松根被风吹倒，年久不变之故。木色微黄，每逢阴雨夜即放光，如燃硫磺，昼则不见。

按，明子木，峰前尤多。盖倒木受日月精华所至。土人每拾此木，夜间燃之，以代灯。所出之烟，可作松烟墨。先七世叔祖青岑公所制"槎河山庄墨"配料法载有"用关东松明子烟"一语，即指此也。

焚树场，南距又一泡十二里。

按，场周约八里余。被焚之树，均系黄花松，枝干立而不侧。土人以为老君炼山时焚之，并非荒火所致。查老君并无其人，安有炼山焚树之事。该场被焚之树，实属野火为灾，乌得以讹传讹，蛊惑人心也。

玉带山，东距木头峰十二里。山背有一沙河，斜缠腰间。望之如玉带，故名之。高二里。

长山，东接玉带山。

连山，东连长山。

龟山，在红山东北。其形如龟，俗呼为龟头山。

鹤顶峰，一名胭脂山，在太平川东。山顶多红土，故名之。

富春阜，在连山北。

玉沙河，源出玉带山。河身无水，多白沙。长约二十余里，下游散漫无踪。

莺儿阜，在冠冕峰南。

镜花岭，在梯云峰西北。

忠岭，在卧虎峰南。

青石崖，在梯子河前。

万花峪，在玉带山南，面积三十余里。

相传为白山部遗址。春三月间，过者见有山市云。

迷人甸，在木石河北岸。甸产松。雨雪后，人不易行。

土人云，数年前，有韩人七名迷入甸中。适遇大雪，均冻死甸内。后有入山者至甸，见有七人骨骸，半埋雪中，遂用土埋之。盖铜碗在旁，始知为韩人。

新民屯，即徐棚东偏南，距布库里山二十八里。有桦皮屋两间，山庙一间。

猎夫徐永顺，莒州人。韩人服其枪法，呼为徐单子。据云，此房改修数次。自国初有刘、冯、赵、董四姓接替。至今渠自董姓接手已二十年矣。均以窖鹿、打貂为业。现在鹿窖均经荒废，惟打貂而已俗名打贝子。貂有白板、紫鞑、花板、油红、亮青、豆青、大黑，金朦、老干等名。夏日来此，将貂橼以木为之收拾齐备。至九，十冬月，每日走橼一次验有貂无貂之称。每年或得十数张至二三十不等。现受韩人杜仓子之弊白昼寻貂之行踪，用枪击之，俗为杜仓子，即杜巢也，所获不如曾前。上半年往住吉林省城，所有器具寄放室内。夏日回时，一无所失。近来，日韩人来往过此，每致遗失损毁。故去岁临行即将器具掩藏林中，尚不至失落。《白山纪咏》有云："户不闭兮遗不拾，山居犹有古风存。"又云："二百余年传五姓，一人两屋即成村。"因夏聚冬散，又云："最好两间树皮屋，半年浮住半年闲。"适有韩人二名自长派来，距屯已百余里。询之曰："探邻居。"又云："白山左右人烟少，百里还称是比邻。"长白府张鸣岐太守遣兵赠番饼[32]并诗一首云："千年积雪万年松，直上人间第一峰。信是君身真有胆，梯云驾雾蹑蛟龙。"

孝子山，在新民屯东北六里余。

国初，颜不冷，山东人，随父渡辽，以猎为业，用桦皮筑室大浪河边。一日，其父访友讷殷部。路经山下被虎噬，遗有发骨及背夹等物。数日未回，颜往寻之。至部未见，疑之。返之山下，见草甸中有一背夹，斜横草上。近视之，是其父遗物。左右寻觅，见其发骨，始知父为虎害。痛哭负父发骨返，葬之。昼夜磨刀、裹药、整枪、补履，志在复仇，猎友不知也。三日后，语人曰："此山有一猛虎，当路害人多矣。诸君知之，今吾父死于虎，吾誓不欲生，往将毙之。不胜而死，望拾吾骨埋于山下，则感甚。"众欲偕往，颜止之。次日天未晓，早起直奔山上。猎友醒不见颜，尾随追之。遥见两虎自山后跃出，向颜前扑。颜连放三枪，毙其一，一虎咆哮至身前。颜枪不及放，以枪搏虎，被虎夺弃。一爪攫颜左臂，颜急取短刀乱（札）［扎］。虎跳无停趾，向颜长啸。颜踣而起，跃身奋臂，将刀插入虎口，手腕亦入不得出，相持不下。猎友举枪，恐伤颜不敢放。两钟余，猎友从山下奔而上至前，虎毙，犹闻颜语曰："虎死矣，吾已杀吾仇矣。好朋友当埋我。"语未终而颜亦死。众见一虎枪毙山下，一虎受伤七十余处。颜左臂伤重，右手与刀，仍在虎口。见颜两目不暝，面有生气，剖二虎心祭之，目遂暝。众叹服其孝，厚葬之。至今呼为孝子山。

义士阜，在孝子山东南，相距半里余。

嘉庆初年，董士信，山东诸城人，少有胆略，及长，慷慨好义。家居时，有邻人被窃，众知盗名，不敢与较。士信代为不平，往与盗辩理。盗怒与争，士信抛石伤盗足，归与兄谋。遂逃关外之白山东阜，以猎为生。近白山猎户，均服其胆识，每遇疑难事，争求士信一决。适黄松甸有一张姓善猎，获鹿茸两架，价值千金。韩人争购之。有甲乙向张购，未妥。回至中途谋：返杀而夺之，他人不知也。越半月余，士信谓人曰："多日不见张某，盍往视之。"偕二人往，见张已僵，脑有重伤，室中诸物俱存，惟鹿茸不见。疑为韩人买茸者害；然亦无可如何，哭而埋之。归语众曰："张被韩人害，吾与之比邻，如不为张复仇，是不义也。"众韪之。月余，左近猎者，时闻鬼泣，入山往往被熊虎逐回，众惧谋诸士信。士信曰："当往祭张，为其复仇。"众从之往，至张墓。士信曰："汝勿骇人，汝死屈，人皆知之。刻间各猎户过忙，未暇计此。秋后，吾定杀汝仇。"自此，怪异遂绝。迨十月底，士信亲至韩界，遍访买茸人之来历，始知为甲乙所害，告韩人曰："甲乙害张是汝社人，吾应与汝社较。汝社如不诱甲乙于东阜，嗣后不准汝社人到葡萄山下。"韩人素惮士信，至期果将甲乙诱至东阜。士信详细诘询，甲认主谋，乙认帮凶。遂传知各猎户，带甲乙至张墓，将甲剖心祭张，乙割耳释回。当时未有不服其义者。盖甲乙买茸时，曾先到士信窝棚，故知张为彼所害耳。士信年九十七卒。其后现住吉林省城，颇富饶，人皆谓行义所报云。

黄花松甸，又名一里阔街，在新名屯北。相距四十里，有松皮房两间，猎夫一名。

余至此，猝遇吉林边防局测绘员孙君兰芬，幸得借三日粮兼食野猪肉①。孙君向余索天池群峰名称。余于遣兵还粮时，绘一略图，即将白山十六峰注明方向，书以赠之。

讷殷部，俗名老兰阜，在三道白河右岸。东南距黄花松甸四十里，有桦皮房三间，猎夫二名。

猎夫云，该处产熊霸，前身如熊，后身如豕，其魄力过于熊豕。数年前，在三道白河左岸，猝遇四只饮水河边。枪毙其一，烹而食之，味较野猪肥美。但不多见。按，此种兽系熊豕配而生者。

矿泉，即暖泉，在二道白河上游。北距讷殷部十二里。河边出数泉，水暖可浴，产硫黄。

章斐岭，在暖江两岸，双龙尾地方迤南。

仙人桥，在梯子河下游东偏北，距长白山五十里。桥横三尺，非木、非石。桥下多石洞，产石渍。

---

① 《长白丛书》为"野猎肉"，误。应为："野猪肉"。查原版，正是："野猪肉"。

土人云，百余年来曾未闻有修造此桥者，而坚固异常，令人不解，故呼为仙人桥。

又云，竹木里有归化之韩民金氏。姑老子幼，家綦贫，朝不谋夕。一日姑患目，不能视。闻天池水可以疗目，遂戴盎往韩人取水皆将水具戴于顶上。中途未遇一人。至桥头，日将暮，倚松少息。适见老妪携一少女及一婢，头戴水瓶自东来渡此桥。金氏敛衽[33]与妪语，询自何来？妪曰："适从天池取水回家过此。"金氏历叙为姑取水至此。妪令婢将瓶持赠，告之曰："归奉尔姑，汝速返，勿少留！到处虎狼未易防也。"嘱婢引路，觉身轻一叶，两钟许已抵里门[34]。计程九十里。心惊疑，顾婢不见。入室，奉姑洗目数次，视物如恒。人皆谓孝心所感云。

松山，东偏南距长白山二十五里。

土人云，山左右产牛肝木[35]，形同树痈，气味清香，与他处所产不同。焚之，可以杀毒虫。

按，东山毒虫，种类极多，有小咬体如谷粒，夏日最多，晨暮尤甚。夹皮沟、汤河各会房[36]，每遇擅杀人命时多用咬刑。盖以绳缚人于树上，令小咬咬死。两昼夜即露筋骨，俗名"喂咬"。人皆畏之如虎。所谓"小咬"甚于"大嚼"，信然。草扒[37]暗藏草中，如落人身，其首深入肌肤，始终不出，受伤处，三年后犹觉痛痒。惟初落人身时用指弹之，其首自出。再将患处毒水摄出，见血而止，即不为害。牛虻[38]其形大于他处所产。蚊虎形长寸余，其声甚厉。狼头似蚊非蚊。铁嘴嘴长有尖。钢翅其翅甚硬。小蜻蜓形似蜻蜓各名。惟牛肝木烟松树所结，状如牛肝，不似树蘑，可以治之。东山居民，多戴头圈柳条、桦皮为者居多，将牛肝木插在圈上焚之，以避诸虫。《白山纪咏》有云：“不有牛肝烟罩顶，谁称铁面露真容。”又云：“天池既许刘郎到，应倩麻姑痒处搔。”[39]

万松岭，在桦皮河北。长百六十里，产黄花松。

浅水汀，东北距锦江南岔二十余里。

兰花塘，在桦皮河西南，产马兰花。周约十余里。

黄花甸，在锦江北岸，产黄花甚盛。

白花岭，在梯子河西北，产白花，高四尺余。

仙人径，在桦皮河南。相距里许，陡起平岗。两边黄松，葱茏苍翠，迥异他处。中有一径，宽约二十丈，长约十余里。春花冬雪，僻静幽深，绝少红尘，实为寻常人所难到，故名为仙人径。

土人云，晨起，每见径上老幼男女，往来不绝，均系太古衣冠，瞬息不见。

小白山，在长白山南偏东，距天池约有五十余里。山有三峰：东南为笔尖峰；中为豹头峰，微高；北为马鞍峰，皆象形名之。山西南麓有白水渠，小白川二水，入于暖江。高约八里，周约四十余里。

相传，后汉管幼安，筑台读书山上，至今豹头峰顶有一白石。土人呼为挂帽石。

棋盘山，北距小白山十五里，山顶方而平，状如棋盘。南北较长，高约六里，周约十余里。

土人云，春夏天晴时，每见山上有两叟对弈。

七星湖，在小白、葡萄两山之间，突出湖水，大小不一，列如北斗，故名之。韩人名为"三池"，土人名为"三汲泡"，均就湖之大者言之。湖中水不外溢，其东南一湖最大，周约十余里，底多海浮石，深不可测。四围皆松，中间特起平甸，周约里余，如龟形。松生其上，名曰"松洲"。长白山东南一隅，湖山名胜，以此为最。余者周有三四里及里余不等，相距甚近。历视之，湖形有荷盖、菱角、葫芦、桃叶各状。水浅处，见有水红花生焉。

土人云，湖水与天池相通。数年前有猎者数人，闻水声自长白山奔流而来，入于湖中，不见其迹。盖伏流线也。但数年不一闻耳。

族兄锡岩有一佃户贾喜，粗识字，面如书生。相者[40]验其胸，有黑（子）[痣]能贵。幼善饮，醉即谩骂。乡人恶之，父兄逐出之关外。闻中表[41]许某在娘娘库业猎，往就之。未遇，无所投止，流落小白山南，与韩人伍。以砍木为生。稍通韩语。韩人固多饮者，时至午节，喜邀友四人，赴圣人庙前痛饮。大醉，返至七星湖畔。五人歇卧岸上。忽有护卫队数名，肩舆一乘前来。一人向喜曰："八大王请贾额驸[42]晋宫。"喜惊惧登舆。行十里许，遥见宫阙轮奂，若王者居，两边观者如堵。未几，鼓吹喧天，炮声震耳。一人曰："八大王至矣。请额驸行接见礼。"喜下舆立侧。王见喜大悦，行抱见礼，如旧相识。二人握手入殿。设酒筵，拂坐，安杯珍错，罗陈桌上，多不识名。酒数巡，王谓喜曰："孤有一妹，年已及笄[43]，姻联秦晋[44]若何？"喜惊起谢曰："小人琅邪[45]一酒徒耳。漂流辽左，每日两餐不饱，乌能俯蓄？况家隔四千余里，往返不易，恐累大王。"王笑曰："何须远虑若此？"命仆婢，扶喜入内阁。无何，箫韶大作，灯采辉煌。俄有数媪拥一丽人至。环佩丁当，凌波浅细[46]，兰麝余香，（仆）[扑]入脑髓。迨漏下三更，乐寂人稀，喜就与语。丽人笑语曰："我松萝郡主也，吾兄大王相攸[47]数年，才貌未有如君者，故字之。"喜喜闺房之乐，甚于画眉。次晨，宫中大开燕宴。喜念四友，亦可招饮，令宫（往）[仆]持柬往：霎时，四人入见，喜叩谢。命住偏殿，作顾问客。忽一日，飞报天池圣母寿辰。八大王扈从多人先行，两钟余，有一阉者入，宣旨召额驸郡主，同入朝祝嘏[48]赴宴。喜与郡主并肩坐马车，从者百余人，往至殿前跪谒。圣母赐坐设筵，夫妇同席居末座，见殿前后数十筵。喜问列坐者谁？从者俯耳侧语："首坐黑叟为黑水大王，俗称秃尾老李，即此人也。次鸭头亲王，次土门郡王，次锦江将军。殿前对坐者，一南海大士，一白水真人，余系龙湾七十二大王。中间虚设数座，闻海若、河伯、湘妃、洛神尚未到。倚圣母侧者，左为松花福晋[49]，右为圆池神女。"少焉，乐作，为近世所无。郡主曰："此广陵散[50]，下界人不得闻也。"酒酣继烛，群呼"万寿！"圣母悦，召喜前谕曰："闻汝才华绝伦，朕有一语不易对，汝对之，还以朕神女配汝。"命宫女取笔书"三皇五帝"四字。喜素不能吟，窘甚汗出。众皆暗笑。但此时喜已醉，思"三"字、"五"字系数目字，当以数目字对，遂援笔写七烂八糟。圣母大怒，喝曰："此子太不文。君前狂言无礼，犯大不敬律罪，当斩。八大王袒亲误国，交水部严加议处。"众大王免冠叩头，奏曰："万寿拟罪不祥，查新律，犯上有据，充极边军。"圣母色稍霁，命武士数人，捉发拖足，解喜出边。醒卧朝鲜界将军峰下，腿痛不能步，匍匐归。至半途，见四人斜卧草甸中，呼之起，相顾皆惊。四人曰："八大王回宫盛怒，将吾辈驱逐境外，幸郡主乞情，得免杖责耳。"喜笑曰："莫非梦也？否则胡为至此也？"同归返。故庐不见，景物全非。往寻旧邻，邻人见而骇曰："闻尔五人醉溺七星湖中，今十年矣。尚游戏人间耶？"喜同四人历言所遇，人皆以神仙目之。余至汤河遇喜，喜毛遂自荐，充白山乡导。途中详述其异。余未之信，故志之。

又一泡，南距七星湖四里余。沙底，水亦清浅。

涂山，西北距木头峰六里，高约里余。

相传，九尾狐产此山中。

土人云，同治年间，有人见一大星陨于山上。其形不方不圆，现土压其上，小松生焉。

敖山，南距七星湖二十里。山顶多红石，东南有一古洞，至今宛然。山高里余。

相传，秦人卢敖遁迹洞中，故名为卢敖洞。

土人云，前有韩人朴不完，夏日月夜过山下，忽见洞门大辟，光明如白昼。趋视洞口，深不可测。石玲珑，状如水晶。倏而，泼剌一声，一赤乌[51]自洞中飞出。戛然长鸣，直冲山上。少焉，飞还入洞不见。朴念此鸟非凡可捕，遂放步直入。行二十余里，洞如故，又十余里，仍如故。兴尽思返，俄闻笑语声，微不能辨。再入里许，见石室数间，矮小异常。上有无数赤乌飞落檐前。仍就捕之。适有二人从室中出。形容古怪，衣履甚朴，躯长不满三尺，见朴逃避。朴尾追之。二人拱而立，朴曰："汝等何为者？"答曰："凿地球者。"朴曰："谁使之？"答曰："奉地皇氏命令凿穿地球，以资修理。"朴曰："地球能凿穿乎？"答曰："现已凿穿矣。"朴曰："年代几何？"答曰："计八千年。"朴曰："工人若干？"答曰："计亿万工人。"朴曰："如何凿法？"答曰："按五行生克凿之。"朴曰："地厚若何？"答曰："天如许高，地如许厚，取直线计，九万万里有奇。"朴曰："地震为何？"答曰："天公球戏。"朴曰："地裂山崩，海笑为何？"答曰："地中有风火水，工师兴工时，误触风则放风，放风即地裂；误触火则放火，放火即山崩；误触水则放水，放水即海笑。此理之常也，又何疑焉？"朴欲再问，忽而雷电交加，风雨大作。二人曰："验工球神至矣。请速避，迟则生祸。"朴惧奔返，汗流浃背。甫出洞口，回顾白云封固，毫无奇异。归途月影依稀，幸未失路。逢人辄道，众皆异之。《白山纪咏》有云："地球何日能凿穿？多少工夫多少年？向使中间留有隙，千钧一发系弹丸。"又咏地震有云："簸荡霎时震五洲，管他东亚与西欧。一声平地如雷起，想是天公蹴鞠球。"[52]

　　布库里山，俗名红土山，因山多红土故也。西偏北，距长白山八十里，高二里余。余拉荒无路可寻，俗称拉荒至山上，见前后多枯阱俗名鹿窖盖猎户择山深林密之处，为阱于中，深八尺，宽八尺俗名方八尺。用铁尖形如蒺藜，置于阱底，上用小树枝横于阱口，再用土草掩盖其上。视之如平地无异。设鹿走阱上，陷而能获。岗后猎户修鹿窖者不少，而枯阱之多，莫过于此。前人所谓远杜溪塞[53]者，近是。

　　布尔瑚里满洲语，俗名元池[54]。因长白山东为第一名池故也。面积二里余，四周多松，参天蔽日，水清浅，终年不干。

　　相传，有天女降池畔，吞朱果生圣子，后为三姓贝勒[55]，实我朝发祥之始。事详《八旗通志》。

　　按，朱果草本每茎不蔓不枝，高三寸许，无花而果。先青后朱，形同桑椹。味清香而甘酸，远胜桑椹，一名仙果。池左右颇多，他处未有。

　　土人云，每年三月三日，早起至池边，见歌台舞榭。浮于池上。其管弦之音，俨然"阳春白雪"古调传来，惟始终不见一人出入。迨日出时，仅有云雾团团，环绕水面。静听之，池中余音袅袅，杂入水声，约半钟许，声始寂。故又以仙湖名之。

　　红岩洞，在图们江北，南距二所六里。

　　相传，明成化年间，辽阳惠豆根游山至洞口，倏见一黑人自洞中出。衣冠博大，须发皆白，状如鬼。惠素有胆，猝然问曰：

"汝自何来？"黑人怖，趋避入洞。惠侧身亦入，甫里余，黑暗不能举步。匍匐行半里许，忽露光明一线，似羊肠小道。急赴之，道斜插西北，层层如梯，深不见底，战栗不敢入。踌躇四顾，计无所出。旋见黑人，立小道中，以手招入状。惠扶磴下，约万级，始抵平壤。人烟繁盛，别有地天。惠喜出望外，坐而休歇。俄一老者至，苍颜皤发，瑰伟不类常人。见惠喝曰："起，何物狂奴，敢入工厂禁地？"惠指黑人曰："彼诱我至此。"老者曰："工人在逃，与私入禁地，罪相等。"鸣警笛呼工巡数名至，命扭惠及黑人，监禁幽室中。惠始知黑人为逃工者。居数日，相处甚善。惠问曰："是何工厂？"黑人曰："实告君，此女娲炼石厂也。"惠曰："女娲补天，事属荒诞。即或有之，自黄帝甲子四千余年毫无缺陷，炼石何为？"黑人曰："吾闻工师有言：有形之天，天不满西北；无形之天，天尚有九重。就'先天不足'一语推之，乌得无缺？今厂中炼石，乃预备耳。"惠曰："共有几厂？"黑人曰："东西中三厂：一预备厂，一岁修厂，一储蓄厂。"惠曰："汝入厂几年？"黑人曰："吾入厂中，计七十一甲子矣。因工师过严，故思逃。不料遇君，致事发觉，奈何？"惠曰："吾二人如何得脱？"黑人曰："平壤老者，系天皇氏曾孙。善读盘古传及三皇历史，君能考据否？"惠曰："不能。"黑人曰："既不能此，求脱难矣。吾辈甘忍可也。"阅年余，工厂不慎于火，幽室被焚。黑人曰："可以逃矣。"惠夜遁逃出洞口，返辽阳。问惠氏故庐，众皆茫然。始知明鼎革二百余年，仍回古洞而烟云封锁，不能再入，后不知所往。因忆族兄冠卿曾言："前有人入庐山洞诸城县东南，见有炼石厂数处，暗中袖石而出。石五色玲珑，光彩照人。"今闻红岩洞一事，大致相同。其果有是事乎？姑志之。

甑山，在图们江南岸，东北距红岩洞十三里。

土人云，猎者入山，每见有巨人。高丈余，遍体皆毛，面目不能辨。一遇即问："始皇尚在否？"猎者趋避，巨人力追至前，两手困拦，再四询诘。猎者如答曰："始皇已死。"巨人踊跃而喜，以手握之，似延客入座状。如答曰："始皇尚在。"巨人即狂奔而逃，呜呜有声，似恐有人尾追状。红岩洞左右，亦多人皆以为避秦修长城之苛政者。

又云，山中产貂，毛色特佳，山下椽钉颇多。

葡萄山，一名蒲潭山。西北距长白山百五十里。日人名为大角峰，韩人名为南胞胎、北胞胎，以两山相连故也。南胞胎，山水西南流为胞胎河、南溪水、北溪水。三水合流曰：剑川江。此鸭绿江之南源也。北胞胎，山水东流为红丹河、纠云水、半桥水。三水会于大浪河。此图们江之南源也。山形如葡萄，环长白山左右，重峦叠嶂[1]，毕极雄厚，而未有如葡萄山之高且大者。计峰有七：曰笔架、曰晚霞，曰仙掌、曰蚕头，是为南葡萄之四峰；曰马耳、曰朝阳、曰卧象，是为北葡萄之三峰。高约二十六里，周约九十里。

相传，中韩界碑立于北葡萄山下。光绪初年，人犹见之。后被韩人掩毁，而今亡矣。

韩人云，黄昏后，每见有一火球大如轮，自长白山飞入小

---

① 重峦叠嶂，《丛书》误为：重峦迭嶂，依原本改。

白山。旋入葡萄山。约两钟余，仍寻古道返，倏忽不见。或谓龙，或谓虎，或谓仙，或谓气，均不足据。姑录之以待考。

又云，山产鹿颇多，有花鹿、马鹿、燕脖之分花鹿毛有花斑，马鹿无。猎者有打胎、打茸、打尾之别。二三月打胎有嫩胎、全胎、胞胎三种，胞胎最佳，四五月打茸花鹿单盘毛细，马鹿双盘毛粗，有茄色、瓠子、马鞍及平头、八叉等名，十叉以下皆名鹿角。十冬两月打尾有头排、二排、三排各目。 数年前，有猎者于六月间入山打茸此山产鹿，与他处不同，其解角、生角较迟。 迷径，寻泉水不得，渴甚情急，用手掬便而饮。自朝至夕，仍不能辨山之南北。忽一兽自涧中跃起，似鹿非鹿，顶上一角甚长，以枪击之不动，向前捕取，三步外，兽直起逃奔。猎者追之，行四里余，兽伏入石洞。猎者以麻绳系扣杜洞口，放枪吓之，兽跳出被获。时已暮，带兽赴山下，遥见灯火，始认为宝泰洞。入垦户家，众不识兽名，或谓麟，或谓狮；饷以肉不食，置以水不饮，惟驯良可爱。因系于牛栏中，意欲明晨送至宝城，售诸识者。迨至次晨，起视栏中而兽已失。绳断数节如刀割。猎者疑被垦户窃去，欲兴讼，旋经众人劝解，始作罢论。然究不知其为何兽云。

将军峰，一名天山，在葡萄山南偏西，朝鲜界内。峰顶平而圆，四围皆石，嵯峨陡险，状如盂式。人不易登，亦韩国之名山也。高五里余。

相传，峰上旧有箭台。唐薛仁贵东征至此，而高丽平，因筑台于其上。按军中歌曰："将军三箭定天山"，或即此欤？否则韩人至今犹呼为薛将军峰。春秋致祭，果何为者？

宝泰洞，在剑川江右岸。

余八月间过此，见黑菊，枝紫蕊黑。韩人云，开时花瓣如墨，惟较之蟹爪、黄杨、妃面、紫金锭各种花小耳。吾乡惠素臣先生善画墨菊。少时曾蒙持赠扇一柄，画并题有云："淡墨画成三两朵，菊如此墨墨犹香。"今见墨菊，始信其题菊之有由来也。

适韩士金光汉求书篦扇[56]，因咏之曰："放而弥也卷而藏，半面风光半面凉。不是多情偏爱汝，惟君知我热心肠。"旋许文渊求书团扇，又咏之曰："寒气袭人秋在手，清风扑我月当头。问君团体何时结，好绘东西两半球。"

六六草塘，北距圣水渠十九里。夏日，水浅泥深，行人患之，每绕越而过，恐陷泥中耳。塘三十余处，产水鸟、鳝鱼。韩人云，塘中秋日水鸟颇多，每用"野猫"击之。

按，"野猫"以铁为之，鸟落其上，即能击毙。此次余过高丽岭见之。

分水岭，北距七星湖四里余。前有中韩十字界碑立于岭中。

土人云，界碑形式与葡萄山下之碑无异，较穆石高尺余。后被韩人私毁，改修天王堂、圣人庙。暗记当日立界碑之地点云。

大高岭，西南距宝泰洞二十六里。

按，岭上有一草道，松树颇多。余过此，时值大雾，忽闻豕声，众不敢前。队兵苏得胜回顾告余曰："前有野猪当道，举枪击之若何？"余曰："善。"连发三枪，一无所获，但闻木叶萧萧而已。

后闻猎者云，东山外孤猪群雄最易伤人。猎者遇即避之。若野猪成群，即不妨击矣。

二道白河，即乘槎河下游，松花江正源也。两岸陡深六七丈，水自涧中流，声闻十余里。下流为二道江，产蛤珠。

相传，古有五蛟出天池，跳跃长白山上，留有五道坡口。旋四蛟入池不见，惟一蛟从乘槎河豁山劈岭，向东北狂奔而去。池水随流，波浪滔天，水汩汩直下无阻。故至今河岸深险异常，与他水不同。

按，吴木讷查看白山至讷阴地方，即指此处而言。盖昔之讷阴部，今尚留其名于二道、三道白河之间故也①。

按，日人名为大讷阴河、小讷阴河。大讷阴系指二道白河而言，小讷阴系指三道白河而言。

三道白河，源出汩石坡②。左右共四岔，无水处甚多。惟北源一岔，水势颇畅，俨若飞泉挂壁。东北流五十里，入二道松花江。

头道白河，源出长白山北麓，与松香河成交尾形，下流入二道松花江。

黑石沟，一名黑石河，源出清风岭。西北距穆石百余步，河身微细，多黑石。有水之处甚鲜。南岸上游垒有石堆若干，下游积有土堆若干。沟长四十六里，至黄花松甸即平衍无踪。

按，康熙十六年派觉罗吴木讷查看白山至讷阴。将赴山前，患穷岩绝壑，林密雪深，不得进。踏勘旬日，始循黑石沟而上，

---

① "今尚留"，《长白丛书》误为"令尚留"，依原本改之。
② 汩，《丛书》误为汨。

直抵白山之阳。因于沟南岸上游产石之处垒石，下游石少之处积土，以志登山之路。故至今石土之堆遗址宛然。查吴木讷《白山日记》有云："垒石聊记登山路，留得桃源好再寻。"即指石堆而言也。韩人误为中韩国界，华人疑为封禁山林，均属无稽之谈，则大谬矣。

四道白河，源出老岭西麓，下流入娘娘库河。

五道白河，源出老岭西麓。西南距四道白河三十余里，下流为娘娘库河。

大荒沟，源出老岭之黑山。东距红旗河源十余里，下流入娘娘库河。

土人云，前有放山人周正，同甲乙在大荒沟获参甚夥。甲乙谋害周。至沟口，甲将周推入沟中。意其必死，遂将周所得者，尽数分劈而逃。周落水无伤，惟四围岸陡不能上。自念择友不慎，受此奇祸，身葬鱼腹，势所不免。匍匐至水边，见白石参差错落，有巨参生于上。采数棵，大者盈把。但饥饿难忍，无计可施。忽见一蛇，长丈余，口衔青草，吞而复吐。心疑此草或可疗饥，窃赴生草处，尝之腹果。居月余，习以为常，遂与蛇熟。每日蛇低首，周即跨其身上。如是者数日，蛇渐长。一日，周伏蛇项，撩须把玩。倏而霹雳一声，腾飞万仞。周方骇绝，而身已飞落岸上。醒归语人，众以为蛰龙，携回之参，售数千金。每以未持青草为憾。或云，青草即芝草，亦未可知。后闻甲又害乙，自往濛江[57]，途遇盗杀之。人皆谓不义之报。

娘娘库河，西北下流百余里，会入二道白河。

相传，娘娘库地方为女真国故址。至今耕者往往拾有刀环、箭头等物。然亦不多见。

土人云，荒沟多石渍。石上风霜雨露不得侵，年久石润如滴，取之专治目疾。

又云，老把头最灵，沟中多木，不分昼夜，树自腰中每自折。放山者时闻有声丁丁如伐木音，俗名老把头砍木。

按，老把头名称，放山、打牲、伐木各有把头，以其为首领故也。东山一带奉为神明，立祠与山川神并祀。或称为王姓名稿者，或称为柳姓名古者，皆不可考。然窥其祀之之意，亦系干山篱落[58]者之不忘本耳。土人入山必焚香祷以乞福，迷信过甚，亦如大江以南之祀五通[59]，长城以外之祀狐仙，同愚哉！

古洞河，东南距娘娘库地方百五十里。源出牡丹岭五道阳岔。下流入富儿河[60]。

相传，古洞系纪仙遁迹之处。洞口产石耳[61]，食之味胜桂耳。

葫芦系，在古洞河东南，下流入古洞河。①

露水河，源出平安岭，入二道松花江。

富儿河，源出富儿岭西南，流入二道松花江。

相传，天命朝四旗兵队月夜渡河，见水中火光点点，密如星布，众疑为怪。趋而过，及岸，回视光明如故，急归营所。

---

① 《丛书》作："葫芦，系在古洞河东南"，标点乃误。葫芦系，地名，亦称"葫芦系子"，距乡驻地6.7千米，地处湾沟大顶山北段，因附近山沟形似葫芦芯子，被称作"葫芦芯子"。1909年建屯，1936年成为日伪集团部落。现为安图县永庆乡环山村一个居住点，注册有："安图县葫芦系子种养殖专业合作社"，恰在古洞河东南。据实迳改。

有白旗一兵，名富尔汗者，告本旗牛录曰："此河产珠[62]，今夜光必珠光也，何妨入河取之？"牛录率本队返，入河中，按火光探采，果得蛤蚌，视之皆珠。尽力索取，所获无算，大者如鸽卵。及晓不见。后以珠易银，充作兵饷。知者以为蛤珠献采，实有天助。

镜儿沟，入富儿河。

相传，明季有木把得一古镜，拟秦汉物。钮如龙形，背上有篆文，剥落不能辨。而红绿斑烂异光，面上能分昼夜，昼润夜干，背上能认月之盈亏，月盈则全润；至晦日则全干。藏为珍宝。后一道人自称由长白山来，索镜一观，并云："历代鼎革，窥镜即知，不仅能知日月也。"木把终始不献，道人盛怒而行。木把启椟把玩，镜忽失，疑为道人窃去。追至富儿河，则见道人入河不出云。

北石人沟，入富儿河。

土人云，沟内石立如人。每至三月夜间，沟内啸声宏亮，闻者皆惊。趋视之，宛然白石，一无所闻。返里，余又闻其声如前。人皆名为"石人啸"。如连啸数夜，即卜丰年。传以石言不详，今以石啸卜丰年。异哉！

柳河，共有五道，均入二道松花江。

锦江，土名紧江，因水流过急故也。有三源，均出长白山之伏龙岗西。西南流，北受碎石沟水。又西流，南受熊虎沟水。折而西北，有汤泉沟、清水渠二水，自东来注。又西北，梯子河水自东来会。又西流，桦皮河合数水自东南来会。又西北有漫江，南自长茂草顶，西北流百六十里，来合于两江口。下流始名为头道松花江。自江源至两江口，长约百七十余里。

按，江中多石，水流过急，声闻十余里外。《白山纪咏》有云："大江西去波涛涌，水打石头不住声。"夜过锦江又云："烟围岭顶如华盖，月印江心疑钓钩。"

干沟，即碎石沟，在锦江西南岔前。

土人云，此沟入锦江，两岸多双心木，不易砍。盖木本双心，其坚自与他树不同。又云，双心木每以斧砍之，则血流不止，殊属不解。

又云，数年前，韩人在干沟口砍树。遇一树，大数围，以斧砍之，血出，声如牛鸣。疑之，归与众谋。众各持斧镬往，复砍，血暴流如泉。众不顾仍砍之，树自倒。视之树心半枯，中有巨蛇无数，犹蠕蠕而动，举火焚之，经三年而火犹未息。按，此木因蛇流血，理犹近之。彼双心木无蛇而血出，则愈出愈奇矣。

熊虎沟，西距浅水汀十二里。源出龙岗北，下流十六里，入锦江。

土人云，此沟系熊虎相斗之处。每见斗时，数日不分胜负。虎饿，他往索食，饱返复斗。熊则不知也。斗方酣，虎去。熊即就近拔树。恐树碍斗。终日不息。虎至再斗，无暇时。数日后，熊疲败，被虎噬者十之九。沟内斗场数处，故名之。

余至此猝遇三乳虎。放枪吓之，一伏入沟底不得进，得其二，一雄一雌。咆哮之态最小，亦有威势。日饷羊肉三斤。带送奉天公署，转送京都万牲园考之。虎一生一胎，生一子曰虎；二子，一虎一豹；三子，二虎一彪。

按，彪似虎非虎，勇猛异常。[①] 此三子，其中必有一彪，未悉孰是。语云，入虎穴得虎子，信然。

按，虎生七个月后，目能远视，人不敢近。大者为头牌，次为二牌，又次为三牌，余为乳虎，三年后即为三牌虎。夜间，眼光如明星，闪烁照人。骨有香臭之分，三伏内为臭骨，冬腊月为香骨。作胶侵酒食之、膏专贴患处，治虚劳，前胫为最佳。肝能贴无名肿毒，肚作膏尤妙。须作剔牙杖不伤牙。惟头骨切不可食，误食之即中摇头疯。

按，虎，土人名为山神。猎者名为软蹄子，大爪子、柔毛子等名。

按，虎善食狗肉，每食一次，即卧数日夜不能起，如人饮醉相似。如食猪肉，腿即酸软。牛羊肉皆可，野兽肉尤妙，惟不宜五谷。查百兽之肉，气味不同，而虎独于食狗则醉，食猪则瘫[63]，殊属令人莫解。

汤泉沟，源出白山西南派子[64]，至铁崖出数泉，水热如汤，波起如珠，俗名珍珠泉。旁又有一泉水，温暖可以洗目。沟旁产煤炸及硫磺。

余偕许、刘诸君浴乎泉者两次。深山大泽之中，幸得暖泉可资沐浴，而神清气爽，为之一快。《白山纪咏》有云："汤泉

① 彪似虎非虎，似，《丛书》误为：拟。依原稿，更为："似。"

浴罢无多事，检点行装好入山。"又云："底是深山多胜迹，暖泉波起似珠圆。"因露宿泉上，结松棚，支布帐，休息三日。又云："松棚灯下酒，布帐夜深棋。"

铁崖，在汤泉沟上。

余率兵队寻江源过此，见圆虹出现，众皆惊讶，或以为地势最高，得窥虹之全象，亦未可知。《白山纪咏》有云："铁崖偶见圆虹现，疑是蟾蛾坠翠环。"

清水渠，源出白山西南麓，下流入锦江。

梯子河，源出梯云峰西。上游两岔，斜挂峰腰，直同瀑布。下流六十里，至二里半地方南窝棚、吊水湖入锦江。

桦皮河，源出白山西麓，万松岭南。西流七十五里，至大河口入锦江。

马尾河，在桦皮河南。下流三十里，入桦皮河。

兔尾河，在桦皮河北。下流三十里，入锦江。

黑河，源出万松岭。下流三十五里，入松花头道江。

板石河，源出万松岭，在黑河西北。下流四十里，入松花头道江。

漫江，一名缦江，源出龙岗之长茂草顶。合数小水西北流百六十余里，至孤顶子山后，会于锦江。

竹木里，北距漫江营四十余里。有韩民四户。

漫江营，在漫江下游。西北距东岗八十余里。有韩民三十余户。

按，江边多膏腴之田，韩民亦皆富饶。余至此食油麦、江鱼，均系亲手烹调，味颇厚。因购粮东上，住三日。时值天晴，江水有声，云山入画，樵夫牧童，往来不绝。耕者荷笠于田间，女子浣衣于江上。村内鸡鸣犬吠，相杂于书声、机声中。周围数百里外，毫无人烟。忽于深山大泽，独开生面，别有地天，俨然龙岗后一小桃源也。《白山纪咏》有云："江干多少天然趣，呵者渔翁啸者樵。"又云："走过大荒[65]三百里，居然此处有桃源。"又云："偶遇牧童骑牛过，汉书斜挂角头前。"见韩童骑牛，手执一书，索视之，《汉书》也。书中多减笔字不易辨，询之，许姓，十五岁，由书房回家宿此。江上夜半闻鹿鸣，又云："门对大江西，山高月影低，苍茫云树里，逐听鹿呼麂。"[66]

老旱河，在白山北偏西麓。顺平安岭西岸，陡辟一涧，有石无水，深约十余丈，阔十余丈，长约五十里。人迹罕到，下游出水为松香河。

相传，山中魖魃①魈魅[67]，多聚于此。十数年前，吉林宋十八采香至河，遥见左岸，有二童嬉戏，以手招宋，知为怪，置不顾。忽闻一童哭、一童骂。宋怒，以石击之。伤一童头颅，踣；一童狂奔而逃。少时，见一巨人魍魉[68]②狰狞来。宋趋避之。巨人追六里余，将宋捉获。手撮宋发，步转如风，山林沟渠，跳跃而过。行约百里，天已暮，至一城阙。火光明亮若路灯然。

---

① 魖《丛书》在正文中作：魖，注中标为其形似：魖，注中正确。《中文大辞典》中，此字为：魖，音：右。魃，《丛书》在正文中作：魃，注释中作：魃，皆误。原文，此字为魃，《中文大辞典》中，此字音：甲。

② 魅，《丛书》正文中作：魅，误，注中正确，应为：魅。魍魉，音：东浪。

车马出入，毂击背摩[69]，历历在目。巨人毫无顾忌，带宋直奔宫殿前，击鼓鸣冤。旋堂上一呼，声如（霁）［霹］雳。殿旁人役拥出，列两楹下。约半钟许，忽一人出至殿前，高声喊："大王升殿！"豫审王公同升殿，听审者，两边列坐，殿旁人役肃然。未几，令巨人同宋至殿下立。巨人诉宋石殴童脑，宋力辩其诬。大王饬役将童带验。霎时，一人负童至，大王起验，豫审王公同起。验毕，大王喝宋跪，杖八十，禁狱中。宋入狱，见狱内人犯百余人，各有手艺，房屋净洁，食品亦丰，不类人世。居数月，一日，狱点官验人犯，语禁卒曰："明日小王子完婚，尔等亲带各犯，赴悦安宫领赏。"次日，禁卒用红绳系各犯前往，宋尾于后。无何，抵后宫，按罪之轻重，计人受物。或以珠，或以贝，或以皮帽，或以金钱。各犯领谢毕，谕令回狱。至半途，宋思逃，暗中将绳咬断，遁匿大树上。约钟余，城关内外，人喧鼎沸，灯火光明如昼，大搜。过夜半，未获，声始寂。宋始自树而下，越城垣数重逃出。急行里余，天晓，犹恐尾追。回顾一无所见。身在万花埫中。返语人，均以为异。视之金钱犹在，计日已六阅月矣。后闻宋平素虐待兄子，人皆谓不慈之报云。

按，长白山前后地多沙土，俗呼为"铁板沙"，不宜树谷。旱河亦多，而以老旱河为最深。

松香河，源出老旱河，西北流二百余里。至双甸子地方，入头道松花江。

土人云，数年前，吉林将军每年派员带人采大字香至此，以备供差。

按，河两岸产大字香，较他处特多。查香木本，状如矮松，高不足二尺，枝黄，实红，气味清馥异常。谚语"南檀北松"即指此香而言。焚之可以除湿气、杀毒虫、避瘟疫、清脑筋。河中亦产蛤珠，采者有之。

余过河上采香掷野火中东山采猎，露宿荒地，皆砍木焚之。一为夜间烤火，可以除寒湿，一为夜火照耀，野兽望之不敢近前。入山露宿。未有不先焚火者。其香味之厚，殆过于檀云。

槽子河，源出平安岭。下流二十五里，至烟筒砬子入松香河。

柳茂河，在槽子河东北。下流六十里，入松香河。

二道松香河，在柳茂河西北。下流四十里，入松香河。

三道松香河，源出平安岭。下流五十里，入松香河。

蒲芩河，源出平安岭。有二源，故有大小蒲芩河之别，入松香河。

砬子河，有头、二道之分。下流三十里，入万里河。

万里河，源出平安岭。下流七十里，入松香河。

汤河，源出山岔子。东有暖泉热如汤，故名之。东北流入头道松花江。

鹅河，入汤河。

相传，河中有一神鹅，飞而能言。遇有大水淹没房屋，近河居者，前数夜即闻鹅鸣，曰水灾旱年、曰大旱荒年、曰岁荒丰年、曰秋收。一有兵燹，曰乱乱乱。屡试屡验。知者每闻鹅鸣，即静听之，而预为之备，可以避祸，故名为鹅河，以示不忘云。

榆树川，北流入头道松花江。

大清沟，南入头道松花江。

按，光绪二十三年九月，伊通州禀派屈委员至汤河界放荒。先到大清沟地方，经邱永和、陈标勾串汤河会房炮头刘复盛、周材、葛江三人，招集胡匪王老窝^{岗后碰大把头年最长者曰"大}爷"，最幼者即呼之曰"老窝"、黄老达、张大果子、大毛奔、丁木匠等四十余人，当将屈委员枪毙，并将尸身及随同七人、吉胜营兵二名，均坠于头道江中，全行毙命。闻当日汤河会房当家的、帮当家的会首_{，副会首之名称，至今称呼仍旧，俨然如酋长时代}。不愿设官，故暗中主使，始将屈委员置之死地也。

松花江，古粟末水_{即粟末部地方}，亦名速末水。其大源有二：南源为头道松花江，北源为二道松花江，周长白山左右。除暖江、太平川、木石河、玉沙河，均在东南一隅。至山之西南麓、西麓，西北麓诸水，均入头道江。山之东麓、东北麓、北麓诸水，均入二道江_{详前}。两江所隔，曰平安岭_{东南西北干脉长约三百六十里}，犹之鸭绿与图们隔一南岗；头道松花与鸭绿隔一龙岗；二道松花与图们隔一老岭耳_{老岭、龙岗、南岗为长白山之三大岗，较之平安岭长数倍}。北源水出天池，曰乘槎河。北流下山二十里至矿泉，始名为二道白河。下流百余里，有娘娘库河，自东来合，即名为二道江，实松花江之正源也_{二道江，一名吉林乌喇}[70]_{，又名混同江。《水道提纲》以二道白河名为"阿母八兔里库"。娘娘库河上游为五道白河，源出大顶子山，北流数十里，有大荒沟自东南合东来之油松沟、小儿沟、二道馨水河、头}

道馨水河、东北岔五小水入焉。又西流有三道沟、二道沟、头道沟三小水自东来注。又西有四道白河自南来注。又西有大沙河、杨树条子沟自北来注。又西有三道白河自南来会。又西会入二道江。两源既合西南流，北有青沟子入焉。折而西北，有富儿河合诸水自北来会富儿河源出富儿岭，南流西有二道河子入焉。东有大甸子沟入焉。又东南流，西有狼叉河入焉，东有银鱼河[71]入焉。又东流南有东黄泥河入焉。北有阳岔沟入焉。又东有杨树河子自南来注。又东有柳树河子自北来注。又东南流，南有小夹皮沟、乌米河[72]、马圈沟三小水入焉。东北有大蒲芩河、小蒲芩河[73]、西清沟三小水入焉。又东南流，有古洞河自东北来合。古洞河，源出牡丹岭。西北流，东有五道阳岔、小荒沟、大荒沟、汗葱沟[74]入焉。又西北流，有大王砬子沟、珠子营小柳树河、小银鱼河、朴榛河诸水入焉。西南有车厂子沟入焉。又西南流，东有榴树河、大酱缸诸小水入焉。又西流，北有东清沟子入焉。又南流与富儿河合两水，既合南流，西有四岔子入焉。东有大沙河合黄泥河子入焉。又南有石人沟自西来注。又南至上两江口入二道江。又西流，南有头道白河入焉。又西有汉窑沟自北来注。又西有荒沟自北来注。又西北有露水河自南来注。又西有硝水河自南来注。又西北有浪柴河自北来注。又西有阔沟自南来注。獐山沟自北来注。又西金银壁河自西北来注。折而西南，有二道沟自西北来注。又西南有五道砬子河自南来注。五道柳河自北来注。又西有四道柳河自北来注。四道砬子河自南来注。又西有三道柳河自北来注。四道砬子河自南来注。又西有三道砬子河自东南来注。又西有二道砬子河自南来注。又西有二道柳河自北来注。又西有头道砬子河自南来注。又西有头道柳河，合西大沟、倒水嘴沟二小水自北来注。又西有小夹皮沟自北来注。

又西有二道沟合黄泥河子自东南来注。至下两江口有头道江自南来合。

南源曰锦江，东与暖江成交尾形，共三岔。西南流，有碎石沟自东来注。折而西流，有汤泉沟合清水渠，自东北来注。又西流，有梯子河自东来注。又西北，有熊虎沟自南来注。又西北，有桦皮河合马尾河，自东北来注。又西有兔尾河，自北来注。又西北有漫江，自南来合漫江源出长茂草顶，北流数十里，有小黑河自西南来注。又西北有高儿河自东南来注。下流至两江口与锦江合。两源既合，水势渐畅，即名为头道江。西流有黄泥河自南来注黄泥河源出团头山。又西南，有塔河自西南来注。折而北流，西南有石头河入焉。又东北流，东有板石河、碱厂河均入焉。折而西北，有汤河合诸小水，自西南来会汤河源出山岔子东麓。有二源：东为宝马川[75]，西为炸子窑[76]沟。东北流有清沟子、碱厂沟、水洞沟、蚊子沟、马鹿沟，均自东来注。顺牛心顶子西北下流，西有黑松河，东有海清沟来注。又北入头道江。又西流，有大夹皮沟、小夹皮沟，均自南来注。又北流，有松香河自东南合诸水，至双甸子地方来会松香河，《水道提纲》误名为古松花江，河源出老旱河西，偏北流，有槽子河、碱厂河、柳茂河、二道河子、三道河子、大蒲芩河、小蒲芩河，均自东来注。西有头道河子入焉。又西流有万里河，合头道碰子河、二道碰子河来合。又西南流，会于头道江。又西南流，有棒锤沟入焉。北有半截沟入焉。又西北流，南有榆树川、缩脖沟、大珠宝沟、二道花园河一名雅哈河入焉。北有上双沟、下双沟、白草沟三小水入焉。折而北流，有头道花园河，合小牛沟、大牛沟数小水，自西南来会头道花园河，一名罗库河，源出龙岗之山岔子。其南即浑江源也。又北有海青沟自西来注。又北有那尔轰河，合二水自西来会。又北有泥他哈河自西来注。又北而二道江自东来合。两大源既合，水势浩荡，即名松花江古名松嘎里乌喇，北流受东南之三母石河。折西北流，有吉林哈达所发之三通河，会吉子岭所发之柳河，以及山岔子西麓所发之蛟河、虾蟆河诸水，自西来会，水量愈加。又北有穆禽河自东南来，泥石哈河自西来并注之。又北有裴河自东来入焉。又西北有（扯）[拉]法河，合数小水西南流来会。又西北，有马烟河自马烟岭合数水东北流来会。又西北百二十里至吉林省城。江水汪洋，舟楫群集，俗称船厂。同治四年，秘鲁国之汽船，曾由黑龙江来泊于此。又北有温得很河自西南来会。折东北经吉林城东而北，又折西北，下流有汉河自东来会。又北，水分二派，一东北流，东受折松厄河。又东北有书兰河，自东合两水来会。折西经喀哈城南，一西北流，有鸡河自西南合三水来会。折东北流，与东一派复合于喀哈城之南。又西北有查欣哈河自西南合二水来注之。又西北有喀哈村河自东来注，稍北有其他河自西南来注。又西北出柳条边之巴烟鄂洛边门之西。又西北有拖儿泥河自东南来注。又西北折而西南，有穆书河合南呼兰哈达水北流来注。又西稍北有义屯河，南自柳边义屯门，合数水来注。又西北经伯都讷城南，水中有巨洲。又西北百余里，折而北稍东北流，而嫩泥江自北来会。水势浩荡，折而东流，中有长洲，经阿穆达尔、察伯齐里、乌都尔图、巴里西巴尔、台塔尔、浑托辉各地方之南。又东经哈尔滨之北，又东北受木林河之水，南受马颜河之水。又东北有瑚尔哈河自宁古塔[77]合诸水北流来会。而巴蓝河亦自西北合四小水东流来会。水口如十字形。又北流有吞吟罗河即吞河自西北合十小水，东南流七百余里来注之。又东北有鄂哈河及困达母河自南来注。又东折而北，有乌尔河自西北来注。又东北有乌吞河合二水自西北来注之。又东有巨洲数十里。又东北有杜儿河自北来入。又东有阿母巴河自南来注。又东沙洲极多。又北分二派，一正北流，一东北流百余里，与西北来之黑龙江，合于查匪噶山之北，计江水线长三千七百余里。按日本《满洲图志》云："松花江，一名混同江，满语为松嘎里乌喇，有数源，皆发长白山之北支。鸭绿江之北，有大小图拉库河，合而北流，又与和通集河会而西北流为其东源。其南源名额赫诺因河，与东源仅隔一岗，合三音诺因河而北流，与东源合始为松花江。"今寻松花之源，履勘殆遍，详查地势，证以土语，始觉稍有把握。彼所谓松花一名混同者，询之土人是二道江之古名。彼所谓有数源，皆发长白之北支者，殊属不合。盖锦江，三岔与暖江东西隔一龙岗，源出长白之西南，何尝发于长白北支也。彼所谓大小图拉库河及和通集河者，现在并无此名，未悉系指何水而言。彼所谓南源额赫诺因河，与东源仅隔一岗，合三音诺因河而北流，会于东源，始为松花江者，是以额赫诺因河为今之松香河，以三音诺因河为今之锦江也。如以三音诺因河为锦江，其所谓"数源皆发长白北支"一语，则自相矛盾矣。考之土人云，讷殷部在二道白河、三道白河之间，故有大小讷阴河之名。日人名为大小图拉库河，亦不知其何所见而云然也。就现时地势考之，有以娘娘库为古女真国者，有以娘娘库为古纳殷部[78]者。该处尚有古冢遗迹，其为女真，盖无可考，其为讷殷，似乎近之。日人足迹未经，访查未确，据风影之谈，而即率尔操觚，强作解人，其不为知者笑也鲜矣！

按，松花江合于嫩泥江向东流，渐转而东北，合于黑龙江。江流之方向，依然东北，且水量不让于黑龙江，故不可不以松花江为本流。盖黑龙江水流方向东而稍南，自与松花江合，则随之而东北流故也。以黑龙江来入松花江，未为不可。英人维廉孙氏亦有此说。《白山纪咏》有云："松花江上乘槎客，寻到天池信有源。"

按，松花江两岸多黄花松，又兼松花落于江干，到处皆是。其顺而下者，浮于水面，片片如花，故名为松花江。

按鸭绿、图们、松花三江论之，松花发于长白，水出天池，较之鸭图两江源远流长，实为三江之冠。

按，江边木把多系华人，每年放排直达吉林省城、哈尔滨、洮南府[79]等处。计其数目，较之鸭绿江约占三分之一。

大旱河，出三奇峰之南麓。壑底无水，多沙石。顺长白山根而西南六里余，至云门又有一壑插入，直奔而南，至南阜约三十里始出，水名为暖江。

土人云，前有武炮，蓬莱人，在暖江源，结一桦皮小厦，经年余。一日，纵猎南阜，忽见旱河水势浩大，波浪滔天，心疑之。遵岸而上，行九里余，闻水中鼓声聒耳，鼓隆惊人，狂奔而返。约六里，水忽不见，惟河底一蛤，大如箕，不敢前。用枪击之，蛤不动。入河取之，负而归。得一明珠，长可径寸，系腰中，尘不能近身。携过烟台，遇（劳）［崂］山一道人，以千金购之。武炮得金，回籍不返。至今木厦遗址犹存。

又云，韩人李某，长派人也，忘其名。夏日患目，携其二子之汤泉洗目汤泉有一洗眼泉，洗之疾能愈。过胭脂山失路。入大旱河，次子渴，无泉可饮。遥见河中露有水痕，往吸之。水斜长尺余，如仰月形，深不满二寸，中有一白石，浮于水心。知为海浮石，亦不之怪。伏饮毕，见石圆如椭，发宝光。手取之，体甚轻，坚洁可爱，献其父，命什袭背夹中，抵泉洗目。数日归至家。李取石视之，见石上金线缠腰，中有一隙，间不容发。两手拨之，石礚而碎，藕丝连贯。置之案上，两石自动，半钟许，若合无痕。屡试屡验，藏为秘宝，不肯令人见。因命名为"雄雌石"。

暖江，源出大旱河。其发源处，东有太平川一水，南流十余里自东来注。又南，东有白水渠、银川沟二水入焉。西有桃叶津、柳阴溪二小水入焉。又南与葡萄河合流，即名鸭绿。产鲋鱼、细鳞。

余夏日至此，见臭李子杆满树皆花，宛如春日。《白山纪咏》有云："想是天公有花癖，晚花只为此山栽。"

太平川，出南阜东南隅，西距暖江四里余。下流十二里，入于暖江。产鲫鱼。

圣水渠，源出南岗。北距七星湖五里，在圣人庙前。西南流五十里，入剑川江。

土人云，渠水清濂异常，较七星湖水，每斤轻二两余。

按，渠北有板庙两座，东为天王府，西为圣人庙。相传前有界碑，后被韩人所毁，因修庙焉。余偕测绘员王献芝露宿庙房，咏之曰："孔子庙修于渠上，野人愿近圣人居。"

柳阴溪，北距桃叶津九里，产金。

土人云，沟内多飞木。木把伐木时，未及砍倒，而木自飞。每至二三十丈外，往往伤人不少，故名飞木。

剑川江，一名袍脱河，源出南葡萄山西南麓详葡萄山。西南流百七十里，与暖江合流处，即为鸭绿江。

世传，唐薛仁贵平高丽归渡河，军士各脱战袍，洗于河上。至今宝泰洞西河崖，犹称为洗袍处。

鸭绿江，古马訾水也，为中韩界江，上游自暖江与剑川江汇流处，始命名焉。辽时鸭绿部设于江右。江水西南流，右经长白、临江、辑安[80]、宽甸、安东[81]各府县界。左经韩之咸镜南道[82]、平安北道[83]之厚昌、慈城、渭源、楚山、昌城、溯洲、义州各地方入于海，长约千三百里，产鱼种类甚多。

相传，北距长白山百九十里，有鸭绿部故址。十数年前，猎者每拾有残砖碎瓦，借以筑室，今亦不多见。

土人云，每年六七月间大雨时行，江水暴涨。夜间，往往见满江火烛，红焰触天，声如万千木排顺流而下，俗称为渤海龙宫采木。

按，江鱼极多，味美厚。韩人每用炸弹置江水深处，鱼吞之即响，声如洪雷。鱼皆昏迷，自浮水面。每一击多则千余斤，少则百余斤、四五十斤不等。查弹形同鸡卵。铜泡炸药隐于内，外用蜂蜜、白面、芝麻合成为丸，能击江鱼，亦能击山兽。

按，江两岸多松。中、日、韩三国木把，每年顺流放排，直抵大东沟海口。约有四千余排将木用树皮绳从两头贯穿，练如舟形，不至散乱，即名为排。排上有结树皮舍者，饮食宿卧皆在其中，如船仓同。现在日人练成小排，一二人即能转放，较之大排[84]尤称便捷云。

按，江有上江、中江、下江之目。上游南流，右受二十四道沟，至二十二道沟三小水入焉。左受盖漆沟、通天沟等小水入焉。折而西流，右受二十一道沟，至十六道沟，左受虚川江等水入焉。又折而西北，长津江自南来会江水广狭相等，土人名为黑河。又有竹下洞、川浦、竹田各地三小水入之。右受团头山即费德里山等所发十五道沟及头道沟之水。折而西南，经猫耳山即帽儿山，临江县[85]在山之东南之东南，右受趵突泉、栗子沟、六道沟、十一道沟、大荒沟、太平沟、汤子沟、凉水泉诸小水；左受下无路干者，源慈城、蔡封洞、虚仁浦、渭原、楚山各处之水。又南，西北有浑江自右岸来会即佟佳江。水势稍加，由此南流。又屈曲西南流，左受别河、碧潼、昌城、溯州之水。右受架板沟，液

长白山江岗志略

子沟、大小黄沟、三叉子，长甸河、安平河诸水。南过虎山有叆河[86]来会于右岸之老龙头。东分为二派，经九连城之东，义州之西，江底泥土与水色恍若鸭绿。下流六海里，至安东县，水流复合为江心之一洲屿约有五千四百余尺。由此而西南，流于三道蓝陀之南瀫，于岭岗再转东南为一湾曲该处江身颇大，约有二海里余。湾曲内即三道蓝陀，樯帆林立可观，东来彭梁里一水入焉。复折而南流至大东沟之东，约二海里，至斗流浦西入于海。

按，日人调记云，江有二源：一建川沟，一佟佳江。韩人亦云，江有二源：一剑川江，一爱滹。查爱滹即暧江，剑川江即建川沟。日人以暧江为佟佳江，则谬甚。盖佟佳江即佟家江因江边有佟姓居者名之，在鸭绿之西北，相隔窎远详《水道提纲》。今之名为浑江，即佟佳江也。

查韩国新地图所注：鸭绿上游，右岸自头道沟至十三道沟，以及寺洞地方，左岸至惠山镇即协山城以上，均未注明。中日合办森林草约所载，江之右岸，自头道沟至二十四道沟，由此而上至两江口，西为暧江，东为剑川江，实鸭绿江之两大源，而到者寥寥也。

余此次寻鸭绿江源，系由上而下，分作三起。第一起带兵一、仆一、引路人一，自白山三奇峰下大旱河，至南阜出水之暧江，约二十八里。越数日，率测绘员刘韵琴、队长谢鸿恩等，自暧江源下至两江口与葡萄河合流处，约百三十里，均属步履。陵谷崎岖，并无鸟道，实为人力所难通。此第二起也。又数日，顺江而下，过二十四道沟以及十九道沟，约百八十里。此第三起也。宿两江口，《白山纪咏》有云："二水居然合而一，鸭绿汩汩向南流。"又云："二十四沟明月夜，江边露宿不知愁。"

大浪河，源出南岗。西南与圣水渠成犄角形，共三泉，水势浩大，实图们正源也[1]。东北下流六十里。与红丹河合流处，始为图们江。

石逸河，源出南岗，东北距大浪河十余里，下流三十里入大浪河。

红土沟，在布库里山南，源出老岭，东南流十余里，与弱流河会入大浪河。

按，沟北岸有一官道。或云，珲春副都统当日砍木修造。至今犹有遗迹。

弱流河，在布库里山东，源出老岭，南流二十五里入大浪河。

红丹河，源出北葡萄山，水流浩瀚，东北流六十里，与大浪河汇流。

小七道沟，南入大浪河。

伴仙沟，水出老岭前之小岗，西距弱流河十余里，入大浪河。

纠云水，源出北葡萄山北偏西，水极微细，入大浪河。

大马鹿沟，东南流入图们江。

东石人沟，南入图们江。

土人云，每至大雪时，常见老幼男女，往来沟中，如围猎状。

---

① 此处，应为：正源，非《长白丛书》所疑：止源、上源。核原文，亦为正。逐改。刘建封认为，大浪河是图们江正源。

见者登高一呼，沟内应声如雷，霎时石人各就其位。如邀众往观，则百不一见。

红旗河，一名红溪河，源出黑山岭，与荒沟成交尾形，东南入图们江。相传，宋岳忠武北征至此。

按，河口西距布库里山百余里。现拟设安图县治，实为防边陲，守国界，保护根本重地之要政。

按，此处设治，图们江流域可保安全。况国界攸关，尤不得不极力整顿，以防日人之暗侵越江伐木，韩民之越垦越江来垦。

按，此次所勘奉吉界线，均属以水为界。双甸[87]设治，在长白山西北，控松花江上游。红旗河口设治，在长白山东，控图们江上游，犹之塔甸[88]设长白府治，在长白山西南，控鸭绿江上游也。窥其形势，宛如长白山之鼎足。诚以鸭江设治，为森林之交涉；图江设治，为国界之关系；松江设治，为消胡匪之逃薮，除会房之积弊。三处地点，均关重要，缺一即非完全之策。若此等地方，较之濛江、桦甸两处设治，所关之重，奚止倍蓰，又安可等闲视之。致日韩人无中生有，垂涎蚕食，再出间岛之第二问题。

按，塔甸新设长白府治，系光绪三十四年张鸣岐、李石臣两太守奉委亲临勘订。双甸拟设抚松县治，红旗河拟设安图县治，系余与许味三参军[89]，会同吉林委员刘作三大令奉委亲临勘订。

石泰河，即西豆水。源出茂山，东北流二百六十里，下与红旗河斜对，入图们江，名为三江口。

海兰江，源出黑山顶，东南入图们江。

按，《满洲源流考》云，金设海兰路西北至上京千八百里，东南至高丽界五百里。元设海兰府，明设海兰卫。均在海兰河左右，其为一处与否，未得其详。

图们江，即土门色禽色禽者，即江源之义。为中韩及沿海州之界江。上游正源为大浪河。东与红丹河会流处，始名图们。东北流经二所、三所、长派各地方，左有三水来注。又东至三江口，西北有红旗河入焉。西南有西豆水来会即韩之豆满江。曲折北流，纳西岸数小水，经茂山府西北，下流六十海里，受南来三小水注焉。会宁、钟城，皆滨于南岸。大拉子黑山岭之支山居其北。东流至韩之柔远地方，有噶哈河自西北来合海兰河出黑山北，东南会于噶哈河，水势渐大。南岸为韩之稳城。折而东南流，成半圆形，至珲春城南，有珲春河入焉。又东经韩界庆兴府东北之西水罗地方，入于海。

相传，辽时图们部，设于西豆水入图们江之河口。耕者每拾有箭头、古镜等物。有云，图们部在红旗河入图们江之河口者，未悉孰是，姑志之以待考。

按，土门、图们，字异而音同。其为转音无疑。东流与红旗、西豆两水合，名曰"三江口"。盖韩之名为"西豆水"，即昔之"豆满江"，中之名为"红旗河"，即昔之小图们江也。三江会流，故名为"三江口"。韩以大图们因有土如门而名，是小图们亦必因有土如门而后名之。有是理乎？盖大图们正源曰"大浪河"，犹之济之源曰"沇"[90]，汉之源曰"漾"[91]，其理一也。

按，辽宋时代，朝鲜仅有今之咸镜道以南地方。至元时始予以图们江南六镇之地。明季仍旧。我朝龙兴东土，首收服长白东海渥集[92]等部落。崇德二年，我师伐韩，一败之于望京，再败之于江华岛。韩王举国内附，奉正朔，定岁贡，故其土地版章，仍守前代旧封，未敢越雷池[93]一步。

按，中国钦定《皇朝通典》《文献通考》，均载明吉林、朝鲜以图们江为界。又钦定《会典图说》，载有大图们江出白山东麓，二水合而东流。小图们江出其北，二小水合而东南流注之。余此次踏勘，红土沟、弱流河二小水合而南流，并非东流；惟大浪河与石逸河，二水合而东流。由是而知大浪河，实为大图们之正源。

按，《吉林通志》载有自三江口至小白山之界碑凡十，标曰："华夏金汤固，河山带砺长。"[94]名为"十字界碑"。记其距离里数，均甚详明。是十字界碑，与穆总管所立之石，毫无干涉。

按，该处华韩猎户俱云，三十年前葡萄山下有一界碑，圣水渠前有一界碑，均被韩人所毁，后即不见。查两处之碑，其为十字界碑无疑。

按，日人守田利远所著之《满洲地志》有云，康熙五十一年，乌喇总管穆克登，立有"华夏金汤固，河山带砺长"之界碑。是当日划明茂山、惠山之界，已为中外所周知。否则日人方助韩人混界之不暇，而安肯指明为十字界碑也。执此而问界碑存亡，韩人知之，日人亦无不知之。

按，穆总管咨文有，"商议于茂山，惠山相近之地，设立坚守"等语，韩使朴权复文曰："职等以木栅非长久之计，或筑土、或聚石、或树栅，趁农歇始役"等语。查韩之惠山镇治，原在小白山东南，茂山府治，适居三江口东南。今，日人以韩之协山城，改名惠山镇。其居心叵测，亦可概见。况当日所立之标，或土、或石、或栅，应在茂山、惠山之间，而今则毫无遗迹，果何为者？

按，韩使复文又云"定界以后，立标之时，无烦大国人监视，随便始役。虽至二三年完毕，亦且无妨"等语。是当日韩之立标与否，未易悬揣。即或立焉，筑土、聚石、树栅，均出韩人之手，并无华人监视，其立于东，则东，立于西，则西，又乌得为国界之左券[95]。

按，穆石与国界，毫无关系。韩人以穆石为口实，日人又立木标于石右字迹模糊，是以穆石为界碑也。不知彼以穆石为凭，我以界碑为据参看《穆石辩》，界碑虽没，而文字犹存。十字界碑为第一问题，又不能不质之韩人，何者当日立时阻我监视故也。

按，黑石沟南岸之石堆、土堆，原系吴木讷登山记路所筑，与分界无涉。况两国公文，明言自分水岭界碑处，东流数十里，忽入石缝，不见水痕，始接以土堆，继以石堆，再以木栅。栅尽处水复现，始为巨水。今余循沟踏勘，石堆居上，土堆居下，并无木栅。石堆以上无水①，土堆终点，始有水源。按图索理，实与当日情形不符。又安得以吴木讷所筑石堆、土堆，即混为

---

① 《长白丛书》作："石堆以上无木"，误。查原本为："石堆以上无水。"

界标也。

按，康熙时，查满韩境界之举，共有五次。十（三）［六］年，吴木讷查山至讷阴地方，垒土石于黑石沟南岸。十七年，□□等登长白山，观阕门潭。二十三年，勒楚等至鸭绿江上游，为韩人所杀。二十九年，查山等由鸭绿江至图们江南岸一带地方考此次礼部咨朝鲜国王文曰：发祥之地，关系甚大，所差大臣查山等将册前往详阅，而鸭绿至图们南岸一带，俱系朝鲜驿站，均行预备云云。就"南岸俱系朝鲜驿站"一语推之，则两江北岸其为中领无疑，是中韩界线之清，由来已久。五十一年，穆克登设立十字界碑于分水岭之中详盛京、吉林通志及日人之满洲地志。由是观之，穆氏勒石之地，自与立十字界碑之地相距约有八十余里，迥不相同，又不待智者而明矣。

按，今之名为红土山，即昔之长白山东布库里山。今之名为元池，即昔之布库里山下布尔湖里。我朝发祥之始，实基于此。今韩执红土山水为图们江，是有意暗侵我之根据地曾前韩王派人到山后查勘地舆，欲立墓于此，被董棚董士信率众阻回二次。韩人争之，日人助之，真可谓无理取闹之尤者。

按，布库里山下之布尔湖里，为发祥之地。其山川形势之灵秀，中外咸知。独于物产，尤有确据。盖所产朱果，他处不生详前。此相传日久，又为余所亲见亲尝之物，实有把握者也。

按，韩人以黑石沟与弱流河相连，此言尤为荒谬。盖弱流河出自老岭，黑石沟出自清风岭。一左一右，中间隔一大岗。韩又以弱流河为越流江。其意以为黑石沟水越岭而流也，不知黑石沟下游，平衍无踪此次遇韩人数名于沟上与之辩诘，韩人皆结舌不能对，抑何所见而知其能越岭而流也。盖"越"与"弱"，字音相同，犹之土门即图们也。夫弱流河在布尔湖里之东。如以此为界江，是发祥之地，不为我有。当日穆克登，人虽至愚，亦决不敢以肇基重地，拱手献之外人，而甘为千古不肖之臣子。至其受韩人愚弄，于立标时未经派员监视，致起二百数十年后之国际交涉，已属失著。所幸者，文字不灭，曰鸭绿、曰土门、曰分水岭上，落落数语，确有可据，并未提及黑石沟南岸吴木讷所筑之石堆、土堆即为界线。此我国际交涉上，不幸中之一大幸也。

按，日人守田氏云，图们江发源于长白山南麓，分水岭东麓，曰土门色禽。水分二源，南为石乙水，北为下乙水，盖石乙即石逸河，下乙即大浪河。可见红土沟非图们江源也。

按，土门之历史，以金源为最盛。《金史·世纪》：景祖兵势稍振。统门水近统门之水而居者，温特赫部来附。又《太宗本纪》：天会九年，命以徒门水以西，和屯、锡馨、珊沁三水以北闲田，给海兰路诸穆昆。又《埒克传》、埒克，统门、浑蠢水合流之地乌库里部人也。《金史列传》作"驼满"，《明史·地理志》又作"徒门"，《水道提纲》名为"土门色禽"。高宗钦定《金史语解》作"图们"。盖统门、徒门、驼满、土门、图们，皆字之转音。今韩以豆满江，源出朝鲜界之长山岭池，与土门为两江。就水线论之，土门、豆满，上游分而为二，下游合而为一。盖西豆即豆满，大浪即大图们，红旗即小图们。三江合流，中国因昔有大小图们之名，故呼之曰"图们江"。韩人因昔有"豆满"之名，故呼之曰"豆满江"，犹之黑龙江，俄人称为"阿穆尔"是指什勒喀河与额尔古纳河之会流处下也，汉人称松花江以下为"混同"，满人则称为"萨哈连乌拉"；至居黑龙江上流之鄂鲁春[96]人及玛涅克尔人，则呼为"什勒喀"；居中流之瓦尔喀人，则呼为"满可"；费牙喀人则呼为"摩穆"者，同也。是豆满、图们名为二，而实则一江而已。非然，者，长白山南岗发源之水，东南流千余里入于海者，设图们江之巨川，其孰能当之？

按，《明史·地理志》：徒门江，经建州卫东南一千里入于海。《盛京通志》；长白山东流入海者为土门江。《柳边纪略》：长白山在乌喇南千三百里中略。南流入海者有三：曰图们、曰鸭绿、口佟家水入鸭绿，详前。是东流入海之图们江，与东北流入松花江之鸡林土门河，迥不相混。日人图赖间岛，遂以土门子河为"图们江"。其容心狡赖，夫人而知。盖图们江源出南岗，土门河源出吉林哈达。东南距长白山五百余里，其方向实相左也。夫土门河之不能与图们江相混，犹之长白山南之小白山，不能与吉林之小白山相混；吉林之小白山，又不能与朝鲜之小白山相混，其理一也。况土门河原名"鸡林土门"，图们江原名"土门色禽"乎！名同而实不同，中外地名，所见多有。此不待辩而易明矣。

按国际公法论之，国家之版图，其本来取得者有三：曰增殖、曰时效、曰先占。其传来取得者有六：曰交换、曰赠与、曰买卖、曰割让、曰合并，曰租借。今图们江东北之地，日助韩而暗侵主意，令人莫解。何则，如目为"增殖"，而我之长白部、图们部，以及海兰路，古有其名。又不同岛屿之出现，沙洲之长成也；

如目为"时效",而我之吉林府、珲春城、延吉厅[97]、敦化县,设治有年,并有刷还韩民越垦之条,载在卷牍光绪七年,经吉林将军铭安等奏请,将越垦韩民收入版籍,韩王奏请刷还两国案牍昭然可考,又不同库页岛之无人经营,而为日人所得也;如目为"先占",而我之长白山东布库里山布尔湖里,实为始祖肇基之地,况鸭图两江,在历史上传为中韩界江。又不同西班牙发见美洲,葡萄牙发见斐洲,为不属何国之无主地也。至传来取得之六事,均从两国交涉上发起,而图们东北一隅,向无交涉,又无庸再辩。今日韩之混界,始用偷窃手段,继用强盗手段,现又欲用无赖手段。以自命为东亚文明之国,其行为亦如瘠弱之朝鲜,殊属可耻。

按各国划界论之,取乎形象者有二:一曰"天然的境界",以山川、湖海、沙漠、荒原为境界者是;一曰"人为的境界",以两国合意,订立条约,确定标识者是。今中韩界线,曰鸭绿、曰图们、曰分水岭,皆天然的境界也。至人为的境界,当日立碑筑土、聚石树栅,均出韩人之手,原无华人监视。彼公法所谓两国合意订约立标,无其事也。现在天然的境界,宛然如昨。如必须敷设人为的境界,自应由大浪河,直取西入鸭绿之圣水渠。两国订约,共同立标,派人确守,不致有迁移损毁之流弊,斯得其要领矣。

按,长白山前后,重峦叠嶂,①若小白、胭脂两山。曾前并无名称,通曰"长白"。嗣经韩人相形命名,始有此名称。至大浪河俗名为"大头目江"即大土门江之转音。暖江俗名为"偎江"

---

① 重峦叠嶂,《丛书》误为:重峦迭嶂,依原本改。

以其偎南岗流名之。葡萄山名为"界碑山"以山南为小国界，山北为大国界言之。迨光绪十一年，两国画界，又以葡萄山改名为"蒲潭山"，韩人又改名"胞胎山"云。

按，日人以保护韩人为由，而欲膨涨其势圈。开宁清铁轨，借以防俄。又用暗侵政策，主使韩民越江来垦，预备公法上先占之地步，故于图们江北，捏名"间岛"，又名为"东间岛"。更于岗后汤河、漫江各地方，捏名"西间岛"。兴京，凤凰两厅，为"南间岛"。韩边外之夹皮沟、桦皮甸子等处，为"北间岛"。推日之经营朝鲜，又图南满北满，其得陇望蜀，真可谓非非想矣。

按，大浪河、圣水渠二水分流，实为中韩国境。但自光绪十一年派员会勘后，迄今二十余年，未经判决。窥韩人之心，明知其为中国发祥之地，而故意狡展，欲将此地混作两国之间田。我国政府亦因界未勘定，而不肯于行政上设想，以致荒芜至今，毫无布置。不知布尔湖里等处，所关甚重，无论如何决不肯让人一步。就目前而论，图们北之六道沟，设有边防局，鸭绿北之十九道沟，设有长白府治，均足为对待外人之堤防。而长白山东南一带，以始祖所自出之根本重地而竟弃若瓯脱，吾知愿入忠臣孝子传者，必不若是。现在强邻压境，著著争先。而国防经济，在所难缓，乌得不设官，殖民早为筹办，以绝外人觊觎之心。

按，日韩国界至今未定，明明日韩图赖，直同司马昭之心，路人皆知。倘因此而开隙，彼强我弱，反授人以太阿之柄[98]。

然事有公论，天然境界，夫人而知。如以大浪河为非图们江源，不妨照会日韩，烦各国使臣，共同前往会勘，实为人证确凿之铁案。否则驻奉天、吉林及驻韩之北清、元山津，尚有数国领事，均可轻车减从，详勘后代为判决，庶觉公是公非，自有定论，又不至谓华人言论自由则偏于华，日韩人言论自由则偏于日韩也。此亦国界速定之一道也。

按，日人保护朝鲜，自有保护权力。今助韩而图赖中领，是保护势圈以外，又添一图赖势圈。倘日韩始终狡赖，将来公法上，不能免大书特书曰：某年月日，日人助韩混赖中国龙兴之地。

按，茂山地方现有日人伐木运排，由江达海，售诸海山崴等处之商民。

按，会宁地方向为华韩人之贸易场。其规制每年于结冰后开市。近因两国协议，废定期开市，许自由交易，故现时不仅会宁一处而已。

按，稳城以西，江水浅而狭。庆源以东，江水深而广。

按，中俄界碑，曾被俄人暗移土人云，由依马河北移至蚂蚁河南，暗侵中领一千八百余里。其图赖性质，已为全球悉知。今穆石之文，原与十字界碑不同。其立石与立碑之地点又不同。其立石与立碑之日期更不同详《穆石辩》。谓韩毁界碑，是所必然，谓韩移穆石，未免作法自毙。祸中国正所以福中国也。况两江南北为界，历史綦详①。以我邻岐重地，竟任其信口雌黄，借以狡赖，有是

---

① 綦详，《丛书》误为甚详。綦，qí，作副词时，意为：非常、极、很。

理乎？

按，图们江下游之北岸地方，物产富饶，田皆膏腴，日韩垂涎日久，故先毁界碑以灭其迹。又捏名"间岛"，以乱人意。共存心叵测，妇孺皆知。今欲判决间岛问题，亦必先从图们江上游，大浪河至圣水渠地方，重勘界线，再立界碑为入手之基。何者上游界址已定，下游势如破竹，日韩虽狡，吾知其死于公理而亦莫可如何！

按，光绪元年以来，韩民越江北来垦者日多。七年，吉林将军铭安、督办边防吴大澂，奏准将越垦韩民，分珲春、敦化管辖，入我版籍。八年，韩王奏恳愿流民刷还[1]，奉谕旨准宽予限期一年，悉数收回，以示体恤。十一年七月，总理衙门奏派员勘界。十二月，勘界员德至、秦瑛、贾元桂，曾同韩使李重夏亲往图们上游，查勘数次。只因韩使狡展，至今终未定界。当时均以为鱼允中一人所误。而不知韩使之受贿于越垦韩民，故极力图赖，以致反复无常也。

附，穆总管咨朝鲜接伴使朴权，观察使李善溥，立碑设栅之文，及朴权等复文于后末附《穆石辩》一则。

文曰：为查边事，我亲自长白山，审视鸭绿、图们两江，俱从白山根底发源，东西两分流。原定江北为大国之境，江南为朝鲜之境，历年已久不议外，在西江发源分水岭之中立碑。从土门江之源，顺流而下，审视流至数十里不见水痕，从石缝暗流，至百里方现巨水。流于茂山两岸，草稀地平，人不知边界。

---

① 奏恳，《丛书》误为：奏垦。依原稿改。

所以往返越境结舍，路径交杂，故此与接伴、观察同商议于茂山、惠山相近此无水之地，如何设立坚守，使众人知有边界不敢越境生事。时康熙五十一年五月二十八日也。接伴使朴权等复文，略谓大人查明交界，分水岭中立碑为标，而又虑土门江源，暗伏潜流，有欠明白中略，以立栅便宜。俯赐询问，职等以木栅非长久之计，或筑土、或聚石、或树栅，趁农歇始役，虽至二三年完毕，亦且无妨。时是年六月初二日也据朝鲜承文院故实。

韩使李重夏所记节略，其末二段，一总论此案。朝鲜非欲争土于上国。其情特出于越垦流民众多，欲一一刷还，则无寸土可以安插。欲收入于上国版图，则恐强邻援以为例。若一听吉林之驱逐，则其民必尽入俄地，所以屡年招抚，无计可安。既有白山之奉旨立碑，故欲借是而乞得寸土，以安插贫民者也。上国顾何惜一（坏）[抔]空弃之土，不容朝鲜流民乎！朝鲜亦不愿多得，但借得沿江，或十里、或五里，远不过二十里，随贫民所居，而借地照奉天例，设木栅以限之。俾得安插，则实皇朝圣天子一视中外，若保赤子之恩也。一图们江越边几十里地，自鸿荒以后，至今未尝有人居^①其地由我朝入关始封禁，前为东海渥集各部。韩使云，自鸿荒无人居，殊属不合。盖江北之树木，不过二百年前物耳。朝民则只缘本土之窄狭，无可耕处，为饥所迫，往往越垦。而若自上国一并刷逐，则此地依旧空弃而已，决无华民来垦之理。吉林、珲春之间，土广人稀，虽沃野平畴，皆为荒弃，而谁肯远过几百里，耕垦于江岸沙砾之地乎？在朝鲜则视为命脉下略。

---

① 属，原本为：居。

穆石辩

呜呼！中韩之界碑亡矣指十字界碑而言，亡于葡萄山下。查边之穆石见矣，见于长白山南。亡者无迹可寻，见者有文足据。大荒之中，留有片石，未毁于采采参、采药猎牧樵之手。其落落数语，犹足判决二百数十年后之国际交涉问题，此诚可惊、可喜者也。说者曰：穆石原立于小白山顶，后被韩人迁移，以为混界之由。此韩移之一说也。或又曰：如其存之，不如毁之，以灭韩人之口。此拟毁之一说也。或又曰：彼移于此，我移于彼，以暴易暴，使韩人莫可如何。此又主移之一说也。如此三说，是以穆石为界碑。界碑即穆石也。不知界碑之文"华夏金汤固，河山带砺长"，实与穆石不同。穆石者，乃穆总管查边后勒石自记者也。盍即其文而详细译之。考石文书："乌喇总管穆克登，奉旨查边至此。"夫曰："乌喇总管穆克登"，是单衔直书，并无双衔"会勘"字样。曰"奉旨"，是遵仁庙谕旨，与彼国无涉"此去特为查我边境与彼国无涉"，是五十年五月谕旨语气。曰"查边"，是本国之边如关外六边之类，就便查验，并非两国共同划界之词。曰"至此"，是本国地方，喜其远而能到而言，与朝鲜无干。石文书"审视西为鸭绿，东为土门。"曰"审视"是审度远视之词。曰"西为鸭绿，东为土门"，是指我国之边，以两江为天然边线，并非谓"石西即鸭绿，石东即土门"之词。石文书"故于分水岭上，勒石为记。"夫曰"分水岭"，即非短岭可知。其不曰"于分水岭之中立碑"穆咨韩使文中有"在西江发源分水岭之中立碑"一语，而曰"于分水岭上勒石"，可见分水岭以上地方，必非分水岭之中了如指掌。① 曰"勒石"二字， 自与"立碑"二字不同。曰"勒石为记"，是个人勒字石上以作记念，又不同两国合意订约立标，共同认可之词。细玩石中数语，原系我查我边，既无分界名目，又无会勘明文，更无钤押凭据，又乌得混为界碑。况穆之咨文[99]，既曰分水岭中立碑，又曰茂山、惠山相近处，设立坚守，其互相商议，时在康熙五十一年五月二十八日。而穆石之立，时在五月十五日，是此石之立，较之商同共立界碑之时尚早十三日，又乌得以穆石为界碑也。即就穆石所立之地点论之，西曰大旱河，东曰黑石沟。大旱河无水，与咨文"在西江发源，分水岭中立碑"之语，已属不合。又兼黑石沟有水之处无多，下游平衍无踪，窥其形势，似与三道白河相连系松花江之南源，以之为土门江源，中隔老岭，其与大浪河土门江源两不相接，人所共见。如以穆石所立之处，即为两国界地，是与石文"西为鸭绿，东为土门"之语，则大相背谬，又乌得以穆石为界碑也。且夫古今中外，所恃者公理而已。如以穆石为界碑，何以石上横书"大清"二字，并无"朝鲜"二字，直书"康熙年月日"，并无"朝鲜年月日"，

---

① 了，原文为：燎，应为瞭之误，迳改为：了。

至末书"朝鲜某某官某某人",诚以当日朝鲜为我国附庸。又奉旨有倘中国有阻,令朝鲜国稍为照管之谕,故穆氏于随来之韩人,附名石上,实仰承朝廷一视同仁之意。其书朝鲜也,实如书乌喇同;其书某某官也,实如书总管同;其书某某人也,实如穆克登同。诗云:"普天之下,莫非王土。率土之滨,莫非王臣。"穆氏之意,其在斯乎!且也私勒之石,与公立之碑,其文字不同,原有确证。否则,当日所立十字界碑,又作无用之物,有是理乎?日人守田氏所著《满洲地志》,明言中韩以十字界碑为凭,今穆石之文于十字之中,毫无一字。而欲混穆石为界碑,是韩之恃日,直同婴儿恃母①,其图赖性质,无所不至也。噫!界碑既没,而穆石犹存。倘能就石文所载,按两江水线,溯流穷源,直抵分水岭中,自能知当日界碑所立之地,是无碑直同有碑也。郑樵云:疆域随时变迁,山川千古不易。借穆石以寻立界碑之地,咨商韩国,共同立标,合意订约,而日人助韩暗侵间岛之主意不得施,而我朝始祖发祥之布尔湖里等处可以守,穆氏之功伟矣哉!故直断之曰:界碑亡于葡萄山下,穆石见于长白山南,实我国不幸中之一大幸也。因作《穆石辩》,以为将来勘国界者之一助。

老岭,长白山之发脉也。中干起于东北海隅,为锡赫塔阿林山。西南经沿海各州。又西为通肯山,又西为老爷岭分走北偏东一支,界乎松花、乌苏里两江间者,为完达山山脉。又西南为延吉岗即延吉厅地方,一走西北转而东北在胡尔哈河迤西者为小白山山脉。又折而南为

---

① 恃母,《丛书》误为:峙母。依原稿改。

南岭。又西南为平顶山走西北一支为牙蛮哈达。又南为黑山岭。又西南为老岗东南走一支为布库里山。又西南为龙山。又南为连山南走一支为南分水岭，即南岗脉。折而北为清风岭。又东北为鸡冠岩，始结长白山。由通肯山至长白山，干线长约千三百里。

黑山岭，在长白山东北，系老岭之干脉，为大荒沟、红旗河之分水岭。

土人云，百余年前，有人晓过岭下，仰视岭顶向西南斜涌泉，水色同墨汁。候两钟时分始止。越数日，复过岭下，状仍如前，遂登而视之。至则见岭上水道中多铁屑焉。及三过岭下，则不见矣。

按，山东南一隅，多红叶。《白山纪咏》有云："黑山无怪石，红叶待诗人。"

东古城，东距马鞍山十里余。

光绪三十二年，有农夫在城中芸豆，见（陇）［垄］内露有金光，当时疑为矿石。越数日，遥望田中宝光屡现，就而窥之，一无所见。退十余步，光明如故，以锄芸之，铜印出焉。长约二寸，龟纽，文皆古篆，不能辨。藏之数月，闻被边防局吴君索去。

土人云，城中多怪异，行人往往见之。道光初年，有樵夫甲乙，自城中过。时值三月中旬，皓月当空。忽见楼若者、堂若者、坊若者，焕然聿新，无一人来往。二人相顾失色，急辞而西。出城外，遇一公园，奇花异卉，多不识名。甲曰："盖往观之。"乙尾随进。古松掩映，危石嶙峋。寻竹径入深处，陡然豁亮，亭台宏丽。琴声、书声、球声、歌声、笑语声、步履声，皆入于耳，若千万人萃于一堂。二人瞩垣而听，霎时寂然。约半钟许，闻一人登台宣讲曰："汉平帝元始元年，予至罗马。见一少年，骨格异常，有神骏气，与语不解。手持木棒，就地画字，半系李斯小篆，惟形同蛇蚓者十有二三，不能辨亥豕。予亦笔谈，问汉时何年，予答以元年，问集若干日为一年，予答以三百六十日，合天三百六十度。问三百六十日何日可以休息，予答以易有之，七日来复，复其见天地之心。就天论二十八宿[100]中房虚昴星[101]，四星轮流，每至七日不见。就人论，七日不饮不食，决无生理是计，至七日即可休息。问汉人谁敬，予答以敬天。问汉人何学，予答以学艺。其余遂问遂答，无一驳诘。渠皆笔之于书。故至今西历一千九百余年，奉为圭臬[102]，毫无变更，名曰'东来法'，可见西人之笃于学也。吾人如能若此，何患乎不自强？"众皆鼓掌。旋又有一人演说曰："予游历泰西各国十九年，始知欧美历史。曾闻西学名儒告予曰：中国大学缺少《格致》[103]一篇。考其原因，当日曾子没后，其仆名西耳者，来游吾域，将《格致》篇之竹简制作书笈负之欧西，被吾人译文传育于国，至今奉为秘本，不敢漏泄，犹之太公阴符，贵国珍藏不露也。就此一端，西人格致上的工夫，是反客为主也。其好学之专，守法之严，不无可取。"众又鼓掌。甲乙闻所未闻，喜不自禁，亦因而鼓掌。未几，景物全非，而满天星斗，仍在目前。

骇而返，东方既白。逢人说项[104]，众以为异。

兴凯湖[105]，西北距蜂蜜山[106]二十里。水面周围，约八百里。相传，圣祖北征，至此凯还。

土人云，康熙朝，湖边渔户，夏日见一白人自水中出。赤身，无衣缕，毛发皆白，食鱼虾，不食菽谷，操鸟音，人不能辨，杂渔户居月余，稍通华语，自称"世居南冰洋"。闻北冰洋名胜甲乎全球，欲往观之，遂从地中，顺水而行。水道高下曲直，无异陆路，惟居户数目，较人世不过占百分之一。所过都邑无多，惟公休园地面繁华，迥异寻常。楼台亭榭，半系铜墙铁壁，每间下有十六钢轮，多至三十有六，随地推转，一遇回禄[107]，移此迁彼，无受殃者。留数月，始悉为贪婪官吏，得意告退之薮。园之东十余里外有一阜。环阜左右，蓬户柴扉，满目荒凉，人名为虚心里，皆廉吏退居林下者。里南有一大山，曰"镜中山"。下有一泉，曰"大别泉"，向西北流，水线半清半浊，历历分明。他若双头鸟、六足兽，均出山中，余物与世无殊。至各处水性，热如汤，凉如冰，甘如醴，苦如荼，种种不一，因地使然。阅六年，忽失路至此，不料被横天石支隔不得进，故出水以辨方向。现考地理，仍须俟明春，绕越星宿海而前，计二年工夫可到。渔户窃笑，呼为怪物。相安日久，忽于腊八日，烈风雷雨，雹大如斗，湖水高百余丈，众渔户骇惧间，突起无数蓝火，忽而球，忽而箕，忽而缕，有亿万计。周围白人，似恐逃遁状，倏闻如泣如诉。有白人求救声，无何木拔屋飞。众皆昏迷，被风吹起，不知所之。次日众返，四围皆水。渔户有以白人为龙者，有以为水怪带罪潜逃者，未悉孰是。张秀山别驾言之竟夜，甚详。

又一湖，西南距兴凯六里，周围二十里。

龙岗，干脉起自长白山之伏龙岗。南行三起三伏，为章斐岭。折而西南，为长茂草顶漫江发源于西北，廿四至廿沟发源于东南。又西为团头山即费德里山，十九至三沟发源于南。又西为长岗分走西南一支为猫耳山之荡平岭，界乎鸭绿、浑江之间。又西为山岔子岭一名大山，浑江以及八道江发源于南，汤河、花园河、濛江发源于此。又西北为黑林子岭分走东南一支为钢山岭，分走西北一支为金厂岭。又西北为鸡林哈达。至此南趋一干，为南分水岭。北趋一干，为北分水岭。中干西行为起运山。又西稍北为天柱山。又西北为隆业山中干三山为三陵之坐山。南干直走旺清分走东南一支为摩天岭为凤凰山。折而西南为千山。又南支阜分岗，罗布于辽海、盖、复各州县，结金州半岛，伏入海中结铁山。又西南结城隍、大小钦鼍[108]矶、高山、长山各岛。登陆直入蓬莱县境，以栖霞之翠屏山为左翼。至芝罘口为芝罘山，以栖霞之吞山为右翼。西北至黄海营之海口，为海屺岛。其正脉起伏盘旋，山东北达于西南，始结而为泰山。北干曲曲而北，经柳河、海龙、开原、东平、西安[109]、伊通、昌图各府县界，为东西流水之分水岭。又西为公主岭。又西北为哈尔巴山，伏入蒙古科尔沁旗界。至巴林迤西，分为三大支：一趋东北为兴安岭山脉，一趋西南为阴山山脉，其正脉直抵西北科布多地方，为大亚尔泰山山脉。就龙岗之中干言之，蜿蜒如龙。由长白山至沈阳，长约一千五百里。

鳌头岩，在暖江西岸，北距长白山九十余里。

横山，在二十四沟之北。山横如岭，下皆黄松，俗名横山派子[110]。

余过此，突遇四熊，未肯放枪。行四里许，又遇一鹿。经队官谢鸿恩连枪击毙。晒鹿脯四十余斤，过长白府，被设治公所诸友分食。剩有鹿筋一束，与朱子桥观察[111]、王理堂太守、李筱华刺史[112]、程虔青司马[113]、张少斋大令[114]、汪子实孝廉[115]，烹食于沈垣第一楼。味美厚，与平日所食之明筋不同。

长茂草顶，为龙岗之首，东北距长白山百里。漫江发源于西北麓。

团头山，即费德里山，一名蚕头，南距长白府一百八十里。三沟、八沟、十九沟，均出山南。产人参。

土人云，山上有黑毛兽，身长半尺余。毛色黑，长四寸许，其行如飞。数年前，有猎夫枪毙其一，被西洋人用百金购去。但此兽甚少，猎夫有终身不得见者。

又云，山后飞鼠[116]颇多。盖身如鼠形，惟前腿两旁生翼能飞云。

又云，十数年前，有一放山者用松枝作架，为一小厦居之。一日，将赴帽儿山购靰鞡等物，忽一童子至厦与语，嘱令带一草帽。放山者疑而诺之，赴帽儿山购帽回。越三日，童子至，称谢取帽去，面邀明日过东沟一谈。放山者明知童子非人，次晨往观其变。抵东沟，遥见草帽在林中。近视之，帽挂于八披叶[117]之参上，取出身如人形，约重十二三两。后赴营口，千金售于南客。

又云，光绪二十一年，高丽许（了）［丫］头酗于酒，被其父逐出，赴漫江营投亲。路经山下，遥见山上猎者数十人，各披被裸，持枪械，狂奔呼跃，诩诩自得。惟人躯短小。心疑之。挺身向前，高声喊问："猎者为谁？"转瞬不见。许自觉遇鬼，但身至山半，不得不前。行四十余步，见人参满山，多佳者。刨得七十余苗，大者有十六两之重。日将暮，思投宿山后，明早再采，遂下山投宿。次晨复往，惟有穷岩绝壑，余无别物。

二十四道沟，南距二十三道沟九里，产金。

土人云，沟内多飞木。木把伐木时，未及砍倒，而木自飞。每至二三丈外，往往伤人不少，故名飞木。《白山纪咏》有云："怪底深山多魑魅，木头无翼也能飞。"

长白府，在鸭绿江北岸，唐塔之东南，与韩之协山城对岸。光绪戊申奏设。

唐塔，在鸭绿十九道沟之梨树沟口，高阜之上，阜形如龙首。

相传，唐时建修，塔底砖方可盈尺，泥质不甚细腻。塔顶明时被烈风吹折，今尚阙如。

土人云，十数年前，潘姓见塔前有一石碑甚小，上勒篆文不能辨，后被韩人损毁。查此塔建立已久。或云尉迟敬德所筑，或云薛仁贵所筑，或云刘仁轨所筑，碑圮无存，未易考核，惟所称皆系唐人。其为唐塔无疑。余自白山归，登塔眺望，见塔内有一木牌，上书朱字。近视之乃李石臣太守怀古诗七律三首，中有"梦里飞熊探雪窟，眼前驽马驾冰舟"及"胆落三韩凭妙算，功收一箭肃边防"之句，读之而九部河山，三韩风雪，宛然如在目前也。塔后有一池，池旁荆棘删净。闻张鸣岐太守拟修草亭于上，名为"京祜亭"云。

虚川江，在韩界内，西北流至惠山镇迤西，入鸭绿江。

余南渡鸭江，至惠山镇，见韩人受日人之凌虐，无奇不有，令人浩叹。《白山纪咏》有云："几渡鸭江几流涕，三韩是我一前车。"又云："不见朝鲜同印度，齿寒才觉两唇亡。"因韩民越垦，又云："恼恨三韩风雨急，不时飞过大江西。"

万宝岗，东南距长白府八里，产铁。

十五道沟，西北入鸭绿江，产白金。

唐沟，在十五沟、十九沟口，皆有遗迹可考。

相传，唐征高丽所剿之沟。前在天津，闻合肥李文忠公曾言："鸭江右岸有唐时战沟。"

今见此沟，始信其确有考据也。

长津江，韩之巨川也。西北流四百余里。会于鸭绿。

余自长白归渡长津，见日本之江巡，与华之工人系日本雇觅之工人，渡者往来不绝。韩之舟子金姓，任其呼唤，不敢稍懈。舟至江心，日人唱歌，韩人和之，可为无耻之尤。《白山纪咏》有云："猫山猫耳山鸭水鸭绿江木商多，半是华工半是倭[118]。韩士不知亡国恨，横舟犹唱渡江歌。"

二道沟，在临江县尔，南流入鸭绿江，产白金。

临江县，西北距猫耳山即帽耳山六里，在头、二道沟之间。其先为帽耳山巡检[119]衙署，后改设县治。

余五月至临江，见市场交易，半之韩民。《白山纪咏》有云："江边只有千余户，五百华人七百韩。"因临邑无车，又云："城中自古无车迹，东道难于蜀道难。"八月，自白山返临，荡平岭路已修有盘道，始闻车声。又云："儿童不识为何物，看罢归来问父兄。"

猫耳山，一名帽耳山，在头道沟西。山起双尖，形如猫耳，高约六里。

双松岭，一名椴抱松岭，①在荡平岭东南。

戊申五月二十九日，余偕勘界员许味三参军、刘作三大令、测绘员王君献芝等五名，及队长谢鸣恩，队兵苏得胜等十六名，早起渡岭，细雨淋淋，山道泥泞，谢队长率兵二名引路在前。余等骑驴随后。至岭下约半里许，前一水渠，有三熊伏渠饮水，适当草道之中。谢回顾告余曰："前有数熊当路，放枪吓之若何？"余曰："善。"嘱众下骑，各持短枪以待。意必逃遁，孰料猛熊负隅四顾，若无事者然。队兵刘五连发三枪。熊咆哮

---

① 椴抱松岭，原本，"椴"为："椵"。《丛书》改"椵"为"椴"，但未加注。据民国《临江县志》记载，老岭南侧有椴包松树一株，松干包在椴干之内，旁有一长缝，内露松皮如鳞，上则枝叶交叉，椴松各异，诚奇树也。岭故名，可从。原本的"椵"字，亦有出处。许慎的《说文解字》，收有"椵"字。段玉裁在《说文解字注》中引人参诗："三桠五叶，背阳向阴。欲来求我，椵树相寻。"唐·陆龟蒙和袭美谢友人惠人参诗中："五叶初成椵树阴，紫团峰外即鸡林。"均为椵。民国《抚松县志》亦为"椵"。

跳跃。树木震动，山鸣谷应，骆马战栗有逃奔之状。余嘱众各吹警笛。有数兵居后，闻笛声急追而至，争赴渠边，连珠齐发。枪声、熊声、树声，杂于荒山峻岭中。内有一兵名郝金，年壮有胆，勇往直前，被倒木挂跌。一熊臂受枪伤，疼痛难忍，势欲噬人，奔跃坐郝身上，爪抓郝腿，口咬郝足。众皆情急，（恕）〔怒〕目视熊而枪不敢发矣。幸有刘什长枪法甚善，迎熊口急放一枪，而熊即翻身而死。郝亦不省人事者片时。余与勘绘诸君亲为调药搽之，郝始知被熊所伤，遂将熊剖腹取胆，割掌而弃之。当是时也，犹闻二熊哀啼，鸣声震耳。众兵仍思寻击。余止之，因告之曰："此次长白之役，虎狼熊豕，到处多有。嗣后再遇，非善枪者不准前，恐无益而有害也。否则喊嚷，使之惊避而已，切不可轻敌。"众皆韪之。盖枪毙之熊，重四百余斤。是一雌熊，腰中有一道白花如带，俗名花腰。性最猛烈，惯好伤人。其余二熊，系乳熊，奔入林中，只闻其声而不见矣。

珍珠门，东北距双松岭五里，白石壁立如门，在临江八景之一。

趵突泉，在珍珠门西偏南，亦临江八景之一，产金。

相传数年前，有韩民私在泉边淘金。深丈余，忽见高粱秸一束，横于沙底，两头露有灰痕。取出燃之，有硫磺气。较之他秸，火光大数倍。众皆不知其所以然。岳守备京忠曾亲见之。按此秸与炭崖之神炭，大致相同。余以为神炭系被荒火焚后，为尘土掩埋，千年不变。迨被河水冲出，故仍有木炭性质，至沙底之梁秸，亦系数百年前，有人在该处淘金，野宿烧秸未尽，被沙尘压于内。今被人淘出，即以为异耳。至火光大于他秸，抑或为地气所侵之故。姑录以待考。

荡平岭，东南距临江县四十五里。

按，由林子头地方至临江，岭岗高峻难行。戊申年，经张李两太守，督率工程队创修盘路，车马可通。建立两碑，文系徐菊帅所作。现正招觅工兵，接修长白。嗣后行人无东道难之忧矣。

西石人沟，在八道江东。

土人云，上有大士像、罗汉像、长眉像、铁拐像、怒目金刚像、如来和尚像，望之若千佛坐卧，种种不一式，令人可远观而不可亵玩焉。每逢大旱，石人遍体皆润，与平时不同。人名之曰"石人汗"，又曰"石人泪"。

山岔子，一名大山，又名三岔子。南为浑江发源之处。

余过此早餐曹姓家。《白山纪咏》有云："转过山头闻犬吠，两三间屋野人家。"

夫余王碑[120]，在辑安县东五里。

按，碑方形，上锐下丰，高两丈七寸，凡二千余言。用隶书，周刻四面。多叙征服百残[121]新罗[122]战绩。盖东晋时，夫余永乐王之墓碑也。

浑江，即佟家江。源出山岔子东南，共八源，合为一江，南流四百余里，至浑江口入鸭绿江。

按，每年木把放木于江中，约有两千余排。

通化县，在浑江西北岸。

余五月间过兴京、通化连壤之处，每见韩民善种水田。《白山纪咏》有云："看山山不断，山气映斜晖。榆荚争岚翠，梨花带雨肥。偶逢他客过，问自插秧归。更有天然趣，泉声入耳微。"

大苗沟，在通化南，长九十里。

土人云，沟内多毛人。光绪三十二年七月间，有一农户郭姓。夏日农忙时，家中留一童，年十二，一女年九岁，看守门户。日夕时，忽有一物，遍体皆毛，开门入室。见锅台有一猪油罐，启盖食之。童情急，用棒击之。物用一爪执菜刀，一爪捉童发，将项后连推数下，血涌出而踣。女哭寻家人。（李）［郭］某老幼奔回，遥见物从容出，四体著地。一农夫用石抛击。物起狂奔，如人行状。追之不及。后童伤就痊。人呼物为"毛人"，或曰"猩猩"。未知孰是。

钢山岭，脉出龙岗，有南北岭之分，长约百三十里。

欢喜岭，在通化县三棵榆树地方。

相传，太祖被敌兵追至柳边门[123]，三日夜未得一餐。军士饥饿不能起，势将解散。适至岭见榛树极多，争摘榛仁而食。屯兵半月余，复攻边门至兴京凯旋，军中呼为"欢喜岭"。后闻张总宪振卿年伯，谈及曾前视学奉天时，亦闻此语。

芙蓉江，一名吴儿江。源出龙岗之金岭前。东南流百五十里，至嘉鱼川，入佟家江。

旧门，一名"柳边门"，又名"九边门"，在南分水岭上。

土人云，明季关梁通，将边展至新门。

按，关梁通，系镶白旗闲散人。

相传，明熊大经略廷弼三过此门。

汪清门，一名旺清门，西北距旧门十五里。

相传，国朝兴兵，每出此门即得胜，故名为旺清。

旺清河，与苏子河成交尾形。东南廿里入吴儿江。

相传，明兵追大兵至河上，忽起大雾，闻两岸人马喧阗，若百万雄师屯于河上。疑为伏兵不敢前。退百余里，侦者至，并无一人，遂目为神助。所谓草木皆兵者，信然。

苏子河，源出柳边门之分水岭，在起运、鸡鸣二山之间。

浑河，古名小辽河。源出英额岭西南，西流入辽河。

相传，大兵将马粪置诸河中，河水皆浑。明兵见马粪浮河上，数日不变，疑为大兵必多，遂生惧心不敢进。英司寇和卿世叔言之凿凿。

鸡鸣山，脉出龙岗，西北距永陵十五里为向山。

烟筒山，东偏南距鸡鸣山十二里，为永陵之辅山。山顶东北，特起一石，高五丈余，方形。中有石线二道，如接成者。远望之山似蛟形。永陵，我朝肇兴景显四祖之陵。坐起运山向鸡鸣山，前有玉带河，后有凤凰岭，左有烟筒山为辅，右有老龙岗为弼，真天造地设龙兴之发脉也。中有古榆树一株，大数围，向东南斜侧，横生十二枝，均极条畅。人皆奉为神树。前有下马碑两座。

光绪二十二年，余将投效奉天，表兄徐东甫大司马赠食品、羽扇并诗数首。中有一联云："弟欲走寻龙岗脉，渡辽先谒老皇陵。"今十二年矣！回首思之，如在目前。

皇寺，西距老城二里，实鸡鸣山之脉，岗形如鼋。

兴京，土名老城。西距陵街八里，有土城在苏子河南岗，其形如鼍，实我朝发祥之根本地。陵街共二处：陵之东为东街，陵之西为西街。

松子官山，脉出龙岗，南距永陵二十里。

起运山，一名老龙头，实龙岗主干脉。山岭高起，至苏子河如龙头伏河饮水状，实永陵之坐山。

青龙山，东距起运山四十里，俗名马耳墩岭。

古墓，在永陵朱墙东有二墓，南有一墓，至今犹存。

曹家营，在老岭头西四里余。

佟家营，在曹家营西。

凤凰岭，东偏北距起运山二十里，形如凤尾。

行宫，现被苏子河冲毁大半。

夏园，一名下院，又名象园。东距陵街八里。

小园，东距陵街五里。

柜石哈达，北连马耳墩岭，石立如板柜形。

土人云，明季铁背山后佟姓，在老城市上，遇一老者。须发皆黄，身短小，声如洪钟，与语善。邀之同行，至马耳墩岭。老者曰："此处离吾家不远，如不见外，何妨小住为佳。"佟诺之。

不数武，至柜石前，见石如门立。老者从腰中取钥开门，揖佟入。佟踟蹰不敢进。老者以手推之同入，旋将门关闭曰："恐小儿辈偷闲惹是非，不得不尔尔。"佟随行三里余，遇一沟，水黑深，上有独木桥，窄不盈足。佟惧而止。老者曰："无妨也。"手搴佟袖渡。又半里许，崇山峻岭，都是蚕丛鸟道。转过山角，又有一江奔流甚急，岸旁绳揽卫护独木舟名。老者解绳持篙，嘱佟稳坐，移舟水中。浮波上下，顺流而西，约十余里。遥望茅舍数椽。傍舟登岸，寻曲径前往，二里余，见稚子候于柴门。老者曰："此敝庐，聊蔽风雨。"延之坐，晋以茗，味甘冽；酌以酒，气温香。又令其子弟辈出见。居数日，佟思归。老者赠以金驹，嘱曰："乘之可以来往自便。"佟至家，家人寻觅已经三年。出示金驹，众以为异。后数年岁荒，佟复往借赈。至则石门大辟，早有人为之引路。所过之处，两三家，五六家，炊烟如缕。闻犬吠鸡鸣声，迥非昔比。至门前，人往来不绝。亭台连亘，轮焕聿新。越重门，循环廊，过中庭，入后阁，晤老（老）者面。握手嬉戏，安杯设筵，一呼百诺。佟曰："数年未晤，君门如市矣！"老者曰："此乃琅环洞府，来者多明哲避乱之人。数年后必大乱，携眷来可也。"佟曰："吾乡饥馑，愿借助济之，否则欲入桃源不得也。"老者曰："易易耳。"命仆取马数匹，装以金屑，送之返。佟至里，将金屑散布族人。夜间偕眷入柜石中不出。后四年，马耳墩岭一带，都成战场。佟氏从龙入关者不少，故至今土人犹疑佟氏尚有金驹云。

九顶铁叉山，东距碱场四十里。

八宝云光洞，在铁叉山上。

羊角台岭，东距夏园五里，上有庙一座。

木奇，一名墓期，东距羊角台十八里，中有岭曰木奇岭。

按，木奇地方，树多冻青，一名寒竹。枝如竹节，折之内多丝连，不似木形。叶厚于桃，实大于豆。其色有黄有红。每树累累下垂，形似珠粒，令人耐观。

五龙沟，西距尚家河五里。

天桥岭，东距尚家河十五里。

土蜜峰，东距天桥五里。

鼓楼西大岭，东距土蜜峰三里。

铁背山，一名铁宝山，东距鼓楼西大岭十五里。

城子后，东距铁宝山五里。因前二里许有一古城，故名之。

营盘，东距城子后十里。东南苏子河与浑河合流，局势开展，颇能驻兵。

相传，国初驻旗兵于此。

得马河，俗名赶马河。西距铁背山六里。

相传，明季巡抚王化贞带兵至河上。时值年节，军士畅饮，放马河边，毫无预备。大兵驻天桥岭东，夜间忽见月明如昼。众曰："年终晦日，月光出现，是天助我也。"率五百人直抵明营，以图攻其不备。旋至河南，见敌马数千匹，散放北岸，无人看管。遂渡河，将马赶过河南，期回本营。行五里余，明兵尾追将及。

众欲弃逃，无何云影遮天，风寒彻骨，追兵不敢前而返。迨大兵回营，计得马两千余匹。天晓，马自投者二百余匹，均以为祥。由此兵心益壮，所向无敌。

萨儿浒，在浑河南。

相传，明将杜松率中路屯兵于此。自引二万围界藩。筑界藩城之兵及防卫兵，共据吉林崖即吉林哈达岭以拒。太祖命贝勒以二旗之兵援界藩，亲以六旗兵攻之。大败明兵。杜松中矢死。明将刘铤亦死于此役。

按，岭前现有碑亭一座。

平顶山，西北距葦子峪八十里。

洼浑沐，东距铁背山十八里。

御路，自沈阳至永陵，道路坦平，两旁佳榆，均系乾隆朝所栽。至道光朝，添栽若干株，而路亦重修。现时树之存者，十无二三。

得古，东距洼浑沐十二里。

兴凯河，东距得古八里，

相传大兵渡河每奏凯，故名之。

上官岭，南距兴凯河五里。

大假帮，在浑河北，东距得古十五里。

小假帮，在浑河南，东北距大假帮五里。

土人云，大兵破杏山、松山时，两处屯民，助兵五百余名，故地名假帮云。

抚顺，西距沈阳八十里，现已改设县治。

福陵，西距盛京二十里，系龙岗脉，我朝太祖之陵。山曰天柱。

按，天柱山老松、古柏，苍翠可观。《白山纪咏》有云："为天梁柱非人力，借尔屏藩是帝心。"

昭陵，南距盛京八里，系龙岗脉，我朝太宗之陵。山曰隆业。

功臣墓，在二陵之间。一武勋王杨古里，一直义公费英东，一弘毅公额亦都。亮崇癸亥甲戌展谒桥陵，亲临酹酒焉。

旧线，西距盛京四十里。

王家椽房，东南距梯子河三十里。

刘家椽房，东南距王家椽房二十一里。

二里半，东距刘家椽房五里。

土人云，熊胆有铜胆、铁胆、草胆之分。铜胆金黄色最佳。铁胆炭黑色次之。草胆则相去远甚。且胆随月之盈亏为消长。每月自十五以前者，气力足而体重。十六以后者，气力亏而体轻。卧仓者尤佳。夏日食之有腥焉。熊油作膏，能治跌伤。白山左右华韩猎户，皆以此油燃灯，盖他油不易得也。

小孤山，东南距漫江营七十里。

按，孤山左右产万年松，高不满尺，历年不见其长。惟冬夏长青，移置盆中，颇有异趣，令人耐观。

按，山小而特起，上有白石数块。登石看白山，而数峰掩映，直掩云端。遥望之如在眼底。山前有一参户居焉。《白山纪咏》有云："东道新开日，苍茫近太初。两三间板屋，最好此山居。"

葛藤山，俗名锅撑山。西北距松香河二十里，高约十里。

土人云，山上有一白蝠大如轮，人常见之。咸丰二年，热河程万里放山至山巅，见一物伏地卧，洁白异常。意欲击毙，手无寸铁。趋伏物上，两手握项，入扣不能释。候而物飞起，程骇绝不敢动。未几飞愈高，直入云霄，下视万物不见，惟山如星布，水如丝悬，隐约微露。少焉，烟雾茫茫，一无所睹，刚风透骨，（利）〔厉〕于刀剪。仰视日成不规之椭圆形，东西长约三百余里，南北宽约百余里，中有飞潜动植出没隐见，仿佛天上新辟一大世界。细窥形迹，似与人间稍异，无何月光斜映，玲珑透彻，方而多棱，状如水晶，大约千围，浮于空中，既而飞至月边，俯视质坚如玉，光明如镜，时闻波浪滔天，水声汩汩。又有山川人物，种种形象，毕露于外，任意翔游，朗朗若白昼，惟不见星斗，心疑焉。低视下界，大如鹅卵，小如鸽卵，遍地流走，微明依稀，不下万千，始知为辰宿。自念置身霄汉，其程度不知几千万万。心愈恐，力愈懈，释手自落。至半空，风云鼓荡，忽上忽下，莫知所之。偶触一石，小如豆，光能射眼。用手取纳口中，觉体重如前，直下无阻。至平地，天已晓，见有人往来，身短小，起居如猿形，衣冠皆树皮，语似兽鸣不能解。血食无谷，程居年余，语音略通，知为泰北冷州，问华夷地方无知者。遂悟作指南针，昼夜奔往，十七年始抵昆仑。又数月至热河，须发皆秃，形容亦改，众皆不识其为程。因详言所遇，并献其石，众始信。盖石置暗室，可以代烛，遂名为明星石。

棒锤营,西距西岗二十五里。

按,人参俗呼为棒锤。种参年久之地,即之棒锤营名之。

东岗,在头道江东。

西岗,在头道江西。

按,两岗参园颇多。同治年间有四百余户。迨光绪二十七年,因胡匪不靖,商务萧条。现在约有二百余户,每年驼运通化县,由通化雇车装运营口。所产之秧参,虽不如敦化县之沙河崖、怀仁县[124]之石柱子,岗后之头道花园成色之高,然较之濛江州[125]之那尔轰,通化县之汪清,柳河县之三通河上沟口,临江县之六七道沟,以及韩边外[126]之夹皮沟、苏拉河[127]各地方皮色尤佳。每年吉省派员收税,约收京钱一万三千有奇,津贴汤河会房三千余两。各参户板房颇多,均系男工,未有妇女[128]。

六月十八日晚宿李猎户家,见林中现一火光,形如明星。询之,李曰:"山神夜游也。"余问:"山神系何神?"李曰:"虎也。"居东山者,讳其名不敢言。盖虎夜间睁一目、闭一目,互相更替,故仅露一光耳。《白山纪咏》有云:"山神夜有游山兴,一目了然百兽王。"后闻陈生凤书云,在牡丹江东,夜间往往见之。

汤河会房,在松花头道江南岸。

按,会房之立,始于同治年间。该处原为韩边外所经理之地方。有炮头张发,吉林人,素豪饮,醉即谩骂。韩谋杀之。张知觉,逃于十二道江,纠合谢玉、袁庐、周长胜、王铁匠、徐马鸟子、张才、周占一等二十余人,当赴榆树川邱姓家,抢夺无算，遂占据焉。猎户王长好心怀不平，带众击之，败张发于头道江北岸之莲花山。张逃岗南通化县之庙沟，招匪为乱。经左翼长宝贵击败。又赴八道江一带，聚集三百余人，返岗后复仇，连攻九日夜不克。王长好使人诱敌，自领猎户三十六人，由松树嘴子地方，顺岗而西，直抵汤河口，以剿其后背。张首尾不顾，死者无算，众皆漠散。张带四人将逃往二道江，适值伏兵齐起。张死乱枪之中，四人无一逃者。由是该处举王长好为会首。王贪吝异常，该处众户不服。未及二年，众扶邱珍为首，事在同治十年。迨光绪十二年，邱故。又举隋福成为首隋系宽甸人，曹文炳为副曹系辽阳人。遂立参园贴费、木把斧头、鸦片刀子、地亩摊捐，以及各种药材捐款，均行创办，以作会房花费。隋死，而王宝继之。其澎涨会房势圈，以及种种捐款，殆尤甚焉。该处参户、垦户、猎户，以及放山、采药、木把、打珠人等，皆畏之如虎。察其恳求设治之感情，直同婴儿之思慈母云事详报告书内。

双甸子，在会房北，相距三十六里。

按，此次勘界，拟设县治于此，直可谓适中之地。而林业、农业、商业、山业，皆可整顿，以保治安。而长白府之后援，端赖此地。

大珠宝沟，一名煮饽饽沟。东距汤河会房三十余里。

土人云，前有沈阳参客席珍，偕友人饶趣过此遇雨，江水涨发不能渡。一日散步江干，见有归化之韩户妇女浣衣江上，内有一女，年已及笄，娇容媚态，出自天然。席心好之，晚归寓语饶曰："江边有一韩女，美而艳，俟更余，吾二人同往寻宿，可以苟合。"饶应之，二人畅饮醉，遂出门步月前往。行里余，遇一少年趋赴西南。二人随行三里许，陡有砖城在前。席曰："鬼城也，不可入。"饶曰："无多言。吾辈可往观动静。"携手入城，视之如旧游地。街前熙来攘往，直同白昼。因同坐洋车，作冶游，至春花第一巷，入红杏园内，见歌妓如云。多识者，各道寒喧。候有四凤出，席旧好也。见席引入木屋，席喜偕饶进。见房内净洁，补壁一联，仍系"一二三五六七八九十而四居中上可矣，鹤鸡雀雁鹈鹭鸳鸹鹂惟凤不同群妙哉"两语，以为相逢非偶，快甚！旋问凤曰："饶之坤友名飞君者，现在此地否？"凤曰："现在秋月第二巷广寒宫院。"饶约席往见飞君，虽老，风韵犹存。饶喜不止，叹为奇遇。未几，漏下三更，饶止，席返凤处，彼此旧雨[129]重逢，绸缪倍于新识。候而天晓，各酣睡至日中。饶觉身如火炙，惊起见卧处有一巨蟒伏地，骇极思逃奔。走二十余步，见一白蛇盘结席腰。遥呼席觉，斜视蛇犹蠕蠕而动，围腰三匝，不能起。饶急放荒火，而蛇始逃匿。二人狼狈而回。身肿月余始愈。人皆以为淫者之报。

又云，沟内十年前无敢居者。相传，同治年间，在沟中私垦者有十七户。迨光绪元年腊月初五日，天降大雪，雪花中带有血点，一时呼如"红雪"，不知红雪水能毒人。数月间，十七户中男死者十之三四，女死者十之八九。有孙姓一户，男女三十余口，全家皆受腹疼病而死，无一存者。盖因曾用红雪水煮饭故也。故二十余年，放山者亦不敢露宿沟中。现在水性犹伤妇女，居者数户，无一户有少妇幼女。

按，岗后山核桃树，最能伤人。枝叶花果根皮，年久朽烂于山中，加以雨雪滋浸，其毒气随水流于沟渠，灌于江河，印于井泉。居山中者，年不过十五六岁之男女，手足缩而短，指节生痛，腿亦如是。妇女中转筋病，死者不少，至今人犹以为患。因忆余家北园，多核桃树。少时每值夏日，偕诸昆弟纳凉树下。先大父[130]雪堂公闻而禁之曰："核桃树性涩而毒，山核桃尤甚。近山居者，每受其毒而不觉，惟多凿深井人即不至受害。"今见岗后有实受其害者，诚以半饮山水、半饮江水，而有井者无几。即偶遇一井，深不满（无）五六尺，无怪其受害者之多也。留心政治者，盍研究之。

按，岗后产药草甚夥，若人参、贝母、土贝、细辛、木通、黄芪、天麻、红芍、白芍、石花、树花、金牛草、五倍子其著者也，余者尚有百余种，多不识名。留心采药者其知之。

余至此遇一白叟胡姓，花园岭人，由西岗过此少憩。据云，我国人善食鸦片，死后为害非浅，予有一子，因腹疼吸食，每日约五六钱之谱，计食七年。忽添痢疾，医药罔效而死。是时家道贫寒，购木棺葬于野人沟东。后长孙成立，度日较宽，次孙附学于东邻孔姓，稍通风鉴[131]。一日，与其兄谋迁伊父骨于太平原。予知之，亦不忍故违两孙之孝意，遂择吉觅人开木迁棺。

届期往甫启圹，闻烟粪味移棺于外，见棺底点点滴如烟膏。众疑之。予亦惊异，因令人启棺视之。尸骸全无，惟有一堆鸦片膏，贴棺底盈盈外溢。予含泪以手拨视，内有虾蟆无数，色如血，动转自如，大者如扁豆粒。予欲弃诸沟壑，两孙跪泣求葬。不得已仍用原棺埋于旧墓。一时传为奇闻。有云"虾蟆能戒烟瘾者"，有云"能治痨病者"，未悉确否。

按，西人僧人有火葬，南人有水葬之说，今胡氏之子尸化为膏，启而复埋，殆所谓膏葬者欤。

莲花山，在上双沟、下双沟之间，产银矿。

土人云，十数年前，有放山者十九人，过山下，遇一倒木，斜横草道。众皆由上踏过。行十余步，忽见倒木蠕蠕而动。众惊顾问，黄风大作，石飞木拔。众急伏地，互相握手，犹觉离地数尺，起落不定。一人释手，被风吹去，飘忽不知所之。约钟余，落在图们江右之红岩洞，计程四百八十余里。经数日返，与众晤谈，始悟为蟒起蛰云。

雕砬子，在汤河会房东偏南二十里，松花头道江岸。

相传，前有大鹏雕，一雄一雌居之。至今石岸空中，雕巢犹存。以木为之，大如广厦。

土人云，雕砬子下产白金。前有韩民曾得十余斤。照白铜价值，售诸茂山城人，故至今茂山城中，犹有存白金器具者。

花园，在龙岗后，松花头道江西。头道花园长百二十里，二道花园九十里，三道、四道、五道二三十里不等，产人参、榆蘑、榛蘑、天麻、贝母、细辛、虎豹、鹿豕、獐狍、山羊、豺狼。

按，头道花园有参园培沟种子。上用板棚盖之，布棚亦可。盖参苗喜山阴不敢见日光也。种子三年后，即可出园。经十余年者尤佳。辽东之参，全球称最。闻姻丈李文轩先生，曾言花园秧参有菊花心，他处无之，亦罕见者。今至此始知，先生有所见而云然也。四年出园为小宗，六年为大宗。余偕同事许、刘两员及测绘员数人，亲履园中，研究灌培种植之方法。园主人萧姓以为吾辈留心于植物者。

按，此次过花园岭，见有野枪，越之而过。盖猎户用线弦铁钩，将枪挂在树上。山兽误动线弦，即能击毙，故名为野枪。登山者不能验下枪踪迹，由弦上过。每受重伤，死者亦有之。

土人云，每年野枪伤人不少。余每至猎户家，即嘱其于下枪之处，四面多削树皮，写字于上曰："此处有枪，不可行人！"下画一枪形，即不至误伤人矣。鹿窖野刀，亦当仿此办法，猎者韪之。

余住李猎户家，见屋角悬有花鹿皮。询系四月所获，兼有胞胎。因忆李小华刺史曾嘱代购此物，遂购之。

按，鹿胎为妇女科要药。花鹿为最，马鹿次之，真者不易得。东山猎户，每以山羊胎、狍胎充之。鱼目混珠，实未易辨。鹿便专治肾水虚，鹿心专治痰喘，血次之，鹿骨可作箸，能除口齿虚火。采参扶土，非用鹿骨钗[132]不可，盖不伤参之身须故也。

做参扎眼亦然。

铁笔林，在花园河下游。

按，头道花园口，上有黑石碴子，状如铁笔。其插入河心者，孤石独立，高丈余，水击有声，洵足为花园河之奇观。《白山纪咏》有云："游遍花园寻古道，愿将铁笔写新愁。"即指此而言也。

千层碴子，俗名"神仙梯"。西距铁笔林四里。

蛟河，源出山岔子西北之龙岗，西北流入辉发江。

相传，前有猎者宿某至河上，遇大风，飞尘迷目不能睁。依树坐钟余，风犹未息。躁极持枪向空中乱击，忽听一物堕于身旁，声甚厉。霎时风定，见物如人形，五官四肢俱全，疑为误伤行人，弃枪逃归。越数日有邻屯卞姓在河边拾一枪，及枪毙之物。众皆不识物为何名。盖人形而两腋生羽，似能飞状。宿闻往视，历叙巅末。卞即以枪还之。由是宿某能击飞人之名大噪。

大滩（平）［坪］在柳河县界，产金。

虾蟆河，在蛟河西，东北流入辉发江。

土人云，前有何氏妇，每在河边洗衣。一日，偕妇女数人至河上，觉腹痛异常，头晕眼花，仰卧地上。产物如球，蠢动鼓鸣。一妇抛掷岸上，倏见有一虾蚁，色红如血，奔跃河中不见。至今传以为异。何生永祥曾在天津见有此事。天地之大，奇事有偶，怪哉！

七十二龙湾，均在龙岗。惟团头山西北一湾最大，方圆约有三十里，余则长茂草顶西南一湾，方圆约有七里。大滩坪南一湾，方圆约有十里。至方圆三四里、一二里，是其小焉者也。塔甸于祥麟云，光绪丁未五月间，日夕大雨，忽见双龙跃于龙岗，旋自西南陡起狂风，吹出无数黄云，直奔白山而去。盖龙湾所出之龙，飞入天池，理或有焉。陈冰生大令、杨炳初二尹，均言之甚悉。

三通河，源出龙岗之瓮圈岭后，东北流入辉发江。

相传，国初范文肃公文程，少时从父渡辽，筑室河边，夜月读书。忽闻水声澎隆甚厉。开户视之，见一鳖大如水牛，摇尾吐浪，向月下参拜状。公唤仆起视，仆惧而踣，遂自取弓跃岸射之。鳖毙。脱衣入水，推至水边。用刀割项断尾，分为三截。负入室中，劈其头，内有《巨鹿遗书》黄帝战蚩尤之书。裂其腹内有《阿衡方略》伊尹相汤伐桀之书。抉其尾，内有《太公阴符》太公佐武王伐纣之书。计书三通。启视遗书，茫然不识一字，方略之文多不解，惟阴符一目了然，其用兵之神出鬼没，千变万化，俱印脑髓。至以少胜多，主意一字一珠，尤觉独有心得。终夜读之，无少懈。未几日出，剩有鳖而书已杳。烹食之，有异香。厥后，公从龙入关，指挥如意，百战百胜，人皆以为自阴符得来，故至今河名三通云。

杉松岗，西南距样子哨街二十里。

按，岗产煤铁甚富饶。煤厂十数家，铁厂惟宝聚公司一家。又产"寒门得土"，可作洋灰。轮船、火车多用之，特无人研究耳。

余过岗，途遇天津张君云龙。据称，调查东山各种树皮。凡植物中，含有涩性者，约数百种。无沦根株花果、枝叶壳蒂，皆能考验，以作硝皮之用。观已研究十数种，惟槲皮为最。他若榴柿、松杉、栎檞、核桃、栗子、酸杏各种，皆可用。盖树皮能硝兽皮中之胶质，则兽皮分外坚洁柔润，制造器物，可以耐久。此法得之西洋，我国初试体验耳。若张君所云，如岗后之山榛、山李、山奈、山梨、山核桃、山色木，以及王勃骨头，臭李子杆，皆含有涩性。而不识其名者，为数尤多，皆宜口尝手采，而以涩表测验以资需用，致令竹头，木屑，毫无弃材，留心学者鉴之。

兰山，脉出龙岗，在三通沟上掌。

相传，山上有一古亭，汉儒王烈读书之处，后废圮无踪。

土人云，数年前，有山左[133] 东野生，夏日薄暮过山下闻书声，心疑山中素无人烟，书声胡为乎来？登而观之，扶石上至巅，见一草舍，灯火荧荧。推扉入，内一叟坐，二童侍立，一老仆就舍东北隅煮茗。叟方巾博带，非近世衣冠，见东野起而问曰："客从何处来？有何勾当？"东野揖曰："闻先生读书声，愿学牧夫听经耳。不知先生所读之书，是何年代之书？"叟曰："今夜读者孝经耳。二童系予云孙[134]，年幼无知，恐为习俗所染，清夜寂静，故略为解释。"东野曰："目下学堂林立，有志者皆（陟）[涉]猎新学，方可上达，何必泥古？"叟曰："新学为何？"答曰："声光化电、格致实业，各有专门，即新学也。"叟曰："君所谈者，问世之学，予才学浅陋，不敢稍参（未）（末）议。"命仆洗杯斟茗饮之。东野曰："今春蒙入学堂，三月卒业，稍有心得，二令孙春秋方富，随蒙入堂肄业若何？"叟起谢曰："实告君，予涂山狐籍，被秦乱遁迹于此，二千余年不入人世。今为吾孙辈讲经，愿留六经种于毛虫之中，为将来洪荒时代立脚地步，非应世耳。"东野惊惧，手足失措。叟察之，命仆持烛跋送山下。仆送至山下。弃烛不见。东野秉烛返，至家见烛不少损。视之似烛非烛，其坚如玉。后每夜燃之，可以照读。

骆驼砬子，在杨子哨西，产铜。

金厂岭，在鸡林哈达东北，产金。

五凤楼，在金厂岭东北。

相传，大兵群集龙岗，筑楼观阵，忽于起兵入边之日，见有五禽齐飞楼上，连鸣七日。其首尾异彩，众皆不识，因以凤名之。军人以为瑞鸟，故名五凤楼。吾师仲璐溥尚书言之甚详。

滚马岭，在五凤楼西。

相传，明李如松至此滚马。

石庙子，在柳河县界，产金。

辉发城，即辉发部，在辉发江东北岸。

香炉碗子，在柳河县界，产金甚夥。

黑牛石，在龙岗后，形如卧牛，东南距陵街四十余里。

湾甸子，在龙岗后。

八家子，在龙岗后。

杨子哨[135]，在杉松岗西南，现设柳河县分防县丞[136]。

海龙府，在鲜围场柳树河北岸。

相传，城后九龙口地方，三十年前，犹有古碑。文曰"海龙王李公墓"。字体似六朝。究不知海龙王为谁。今碑已失，而墓址犹存。

英额门，在吉林哈达北。

关外边门，有辽西、辽东之分。

按，辽东边门：曰瑷阳门、曰碱厂门、曰汪清门、曰旧门、曰英额门、曰土口子门、曰威远堡门、曰马千总台门。辽西边门：曰法库门、曰彰武台门、曰清河门、曰九关台门、曰松岭边门、曰新台边门、曰梨树沟边门、曰白石嘴边门、曰明水边门。至若老边门，在大石桥一带，东距沈阳城四十里。

山城子，东距海龙府一百二十里，商业颇畅。

朝阳镇，西距海龙府四十里，商业颇旺。

围场，在东平[137]、西安、西丰界内，均已开垦。

公主岭，西北距怀德县八十里。

土人云，前有女伶郝月桂，别号大姑。春日薄暮时，乘车渡岭，忽见岭上楼阁绵延，状若世家，惊顾间，适有老苍头骑马至车前，询车中人是郝大姑否？御者诺之。苍头下骑报曰："仆系公主府引路侯，吾家公主，特请大姑辱临一叙。"郝素有胆识，应之。命车夫驰至府门，见有数十阉人，候于门前。郝下车入，越前殿，循环廊，渡珊瑚桥，经银德坊，由环门进，安憩偏殿。殿中陈设，多西洋新式。金碧辉煌，迥出寻凡。未几，晋茗、晋酒、晋食品毕，请入浴所。房舍洁净，自来水温而澄清。浴毕，请入兰室，气味清馥如麝，于是熏沐者三，始请入更衣所，晋衣冠裙带各件。装式半宫半洋，为世人所罕见。无何堂上一呼，选大姑进内宫。旋有伶俐少女，掖郝入爱戴门，由中殿过，见剧楼舞榭，环列左右，两旁婢女皆宫装侍立。郝入内宫，睨视公主年四十许，貌若天人。至前长跪叩谒，公主笑而扶起曰："久闻大姑曲名噪耳，今既惠临雅奏可得闻也？"郝曰："一技之长，原无足数。况簧腔时调，厌人听闻，徒贻笑耳。"公主曰："无须尔尔。"旋令取胡弦唱京调，取月琴唱卫调，取四弦唱淮调，继又取胡笳唱十八拍，取铁板唱大江东。公主喜，自取五弦琴，弹而和之。郝曰："始而平沙落雁，既而潇湘夜雨绝调也。愿从学宫中，未知公主能容纳否？"公主曰："汝所唱者，近今新调，宫内罕闻，惟望彼此研究作声调谱友足矣，何敢好为人师？"郝叩谢，公主敛衽拜毕，命设筵。郝豪饮，拇战[138]皆北。醉问宫乐如何。公主命鼓乐侑酒。候而屏风大开，鼓声如雷。庭前男女装式皆古。每出二人对唱，调高响逸。舞皆精巧，不类人间。半钟许，乐止席终。令少女秉烛送郝就精舍宿卧。舍内床帐精致，香气扑人。壁上悬钟挂剑，古雅非凡。案头陈列《女娲索纪》《后妃坤经》《全球女子春秋》各种新书。北面茶屏六幅，内四幅为恽冰女史工细花卉，外两幅上联书"大抵浮生若梦"下联书"姑从此处销魂"，旁书年月日时，为大姑词史补壁，末书"黄帝百五十四世孙懒痴子持赠"。心疑不知为谁，卧不能寐。次晨，梳盥毕，忽一人报公主至。郝起迎，问安侍坐。公主曰："夜来无恙，早游公园若何？"郝曰："善。"随行入西园。见奇花异卉，多不识名。池沼亭台，时样翻新。折而东南，湖水荡漾，荷柳满塘。采莲人歌声（款）〔欸〕乃，掩映画舫中，令人移情岸上。越小桥，凭栏南顾，见存古格致，测绘编辑各堂林立，又有体操场、运动处，出入往来，行人不绝，均属女界人物。尽意游览，足不停踪。公主曰："此吾家西园，至坟典[139]索丘禹鼎[140]汤盘[141]载在东壁，俟星期往观可也。"少焉，二人握手回宫，大开宴会。公主醉，郝亦醉，宫女酤者不下千百。杯盘狼藉，抛置阶前。郝醉卧欲睡，突闻枪发连珠。翻身起见，云树苍茫，一无所有，惟身旁一黑狐卧于地。方骇疑间，猎者十数人至前，欲毙之。郝苦求得免，以衣覆之，瞬息不见。郝历言奇遇，众以为异。起寻车马，仍在岭上，车夫酣睡，呼之醒，载郝而行。盖猎者见群狐仰卧林中，故以枪击之。后闻郝唱工大进，人亦妩媚，一时知者，呼之为狐弟子。

莲花朵，在荒沟上掌。孤石特起如莲朵，远望如塔，俗名塔碴子。

南岗，为鸭图两江之分水岭，起脉于长白山南麓之连山。南走为小白山，为棋盘山皆系中国界内。折而东，为南葡萄山，又南为将军峰，又东南为南云岭。又东分为二支：一趋东北，为大元山，又东北为刀山，又东北为茂山岭；一趋西南，为高峙岭，又西为大白山，又西为铁岭，又西南为草草岭。折而西北，为狼林山，复分为三支：北支为长津江之分水岭，至冲天岭；南支为尾老乙岭，直达小白山山脉，又逾海为日本之马关、长崎；中干至大八营岭。就中干言之，长约千三百里。

平安岭，起脉于长白山北稍西麓，为头二道江之分水岭，长约三百八十里。

五虎阜，在娘娘库西北，望之若虎坐卧形，共五阜，皆相毗连。

许味三参军闻有人言及阜如朝夕起雾，七日夜不露阜顶，即起胡匪。

古冢，在娘娘库西北，距会房五里，有三冢焉。

相传金时三王之冢。光绪三十二年，日人至此，疑为高丽古冢，曾抉其二，无迹可验，因掩之。至今犹有遗痕。

大顶子山，一名有大秫秸垛山。五道白江发源于西北麓。

六道沟，南入图们江，在延吉厅界内。现设边务局于此。

乳头山，在娘娘库东北。相距六十里。两山形如乳头，故名之。中户一，韩户四。

土人云，此山多豺狼，皮似猫，形似犬，身长尺余。山中之兽，无不畏之。其溲能害百兽，蹄如沾之，立即溃烂，惟不伤人。猎夫见即喂养之。夜间山中露宿，兽不敢前，故人呼之为老更官，又名老京哥，不知何意[142]。语云："豺狼当道，安问狐狸？"盖熊虎犹畏其溲，况狐狸乎？

又云，入山者每见豺狼成群，驱逐虎鹿熊豕等兽，获即分食，又呼之为炮手。其身长毛长者，名为豺虎。

木器河^[143]，出富儿岭，西北入松花江。

金城^[144]，在木器河南，方一里，砖墙至今尚有遗址。

相传为金时古城。

土人云，天暮自城边过者，每见有人往来其中。

又云，数年前，有一山客过城外，遇白叟同一少年对酌，就与语。叟曰："唐虞重选举，三代因之。至周末重游说，汉复行选举。唐时田选举太滥，遂兴科举。宋元因之。是汉以上重行，唐以下重言也。"少年曰："明时亦重科举，但取制艺耳。国朝因之，故明有金陈章罗，清有熊刘方储，皆制艺名家也。予应试，因驳朱注被黜，至今恨恨。"叟曰："朱某宋儒，强驳郑氏注疏，开古今来笔墨官司之门，姑就所注，吾犹及一节论之，殊属令人喷饭。若史之阙文，阙者，少也。文胜质则史，史尚少文，颇有古风。有马者借人乘之。乘者，舆也；之者，往也。千乘、百乘、十乘，富而贵者。有马者未必有乘。如能借人之乘以代马，是无马者亦可借；令马以代步，则贫能借于富，贱能借于贵，非世风敦厚不易至此。阙文借乘，孔子少时，犹能及之，至老时即亡矣。故直断之曰：今亡已夫。非然者，如阙疑不录，史家之常，借马于人，乡间之俗，今尚优为说春秋乎！即此二端，如朱注所解，大失今亡已夫口气。即孔子当日，亦不至故作不近人情之语，此必然理也。他若郑卫之风，多注淫奔，是泥于郑声淫一句，尤为荒谬。若朱某之著述在修纲目，以蜀汉为正统，实寓潜消后世权奸（纂）[篡]逆之心者，真有功于世道人心者。"少年唯唯，谨受教，请浮大白。山客起而问曰："先生论郑谈朱，开我茅塞，不知近数年来变制艺[145]为策论[146]，旋又改为制艺，旋又改为策论，旋又不取制艺策论，而停科举。今则重科学矣，不知将来若何！"叟曰："选举重行，行者事之主；科举重言，言者事之宾；科学重艺，艺者事之奴。由此以往，分门别户，愈出愈奇，是驱人而为工也。今天下乃百工之天下也，又何说焉？"拂袖而起，与少年趋行，倏忽不见。

又云，金城左右多树花。

按，古树生苔，苔上特出细叶五六寸许，形如韭叶萌芽，俗名树花，能治淋症。

又云，城内产地花，色白，似苔非苔，能治阴疽。

敦化县[147]，满名鄂多里城，南距安图五百里。我朝创业之始，实基于此。

沙河崖，西北距敦化县三十五里。

抚宁黄献廷言，光绪二十六年春，自沙河沿回敦化县署，乘马过大猪圈岭。约更余，月色暗淡，忽有狂风从岭西陡起，山鸣谷应，松涛浪涌，势如万马奔腾。心骇惧间，霎时天红如血，见万千火球，忽上忽下，形同星动，转若风驰，盘旋岭上，周有三匝。马战栗，汗如水浇。约半钟许，风稍定。驱走至岭底，犹见火球顺岭而去，直奔南下，呜呜然声闻百里。至四更时分，始达县署。汗流浃背，衣履皆透。署役扶之下马。入寝室，酣睡两夜方醒。或谓野鬼，或谓山精，究未悉孰是。

牡丹岭 [148]，亦名你牙蛮哈达，在二道江东北。

相传，咸丰年间，有数人放山早起渡岭，见岭前沟内黄水奔流。约钟余，水色微淡。一人入沟，用木碗取水欲饮。因渣滓不净，遂泼于地。闻有金声，视之满地金屑。连用木碗取水泼之，而金屑渐少。再取泼之。则不见矣。因就地拾之，大者如豆，皆金也。计有二十余两。后售诸吉林省城，得上等价值。

金银壁岭，在富儿岭西南。

桦皮甸子，在金银壁岭后。现经李莪卿太守筹办桦甸县设治于此。

夹皮沟 [149]，在桦甸县界内，产金。

按，沟内产金，向多金匪 [150]。后归韩边外为该处会首，而地方稍靖。日人名为小韩国，则大谬矣。

按，韩边外，原名显忠，后改名效忠。原籍山东 [151]，移居复州 [152]，其父以农为业。道光年间，随父至厂北木器河，佣工于侯姓家。嗣闻三姓有巨盗葛乘龙招集游民，私开金厂。效忠辞工，偕孙老八往投焉。后经三姓副都统带队击之，葛败，效忠潜逃浑春 [153]。不数月，旋赴延吉岗，得与兴京李盛林、海城八卦沟刘启广等二百余人，结为同盟弟兄。众因效忠久在边外，而年又居长，群呼为边外大爷。由是韩边外之名，遂传于吉林南岗 [154]。当是时夹皮沟内，有自三座塔来之梁才、孙义堂二人，暗夺李半疯之金厂，率众三百余名占据该处，坐索税金，抽收太苛，一时掏金工人，往投效忠者綦多。效忠自鸣得意，旋与李、刘商议谋夺梁孙之金厂。咸丰九年四月底，率众攻之。数日不克。效忠独出奇计，夜间用火绳缠于树上，燃之以作疑兵。梁与孙见而生惧，畏其人多，遂渡江而西。梁逃千山，出家为僧。孙回原籍，众皆涣散。金厂因而悉归效忠。此即韩边外入夹皮沟之原因。

按，韩边外嫡妻侯氏，因少时佣工于侯姓家，侯某见其厚重少文，故以女妻之，生受文。继娶李氏，无所出。边外年七十六岁，卒于沟内。受文不善理事，生三子，一登举，一登科，一登朝，故以长子登举经理家务[155]。

富儿岭，亦老岭之支脉，在二道江北，富儿河发源于此，南距二道江百五十余里。

土人云，岭产黄芪，人多采者①。光绪元年，有胡东岩，河南人，以采芪为生。一日登岭，见芪高数丈，大四握。负之归，刀截十余段，赴船厂出售。适遇一药客见之，叹惜良久，购以千金，告胡曰："此物非凡，予在黄河沿，每年见有旗杆双影，印于河中。今缺其一，知被识者采去，无如断为小段，殊可痛惜。倘能完全，万金易售也。此芪实为长白山右一大旗杆耳。"胡闻之悔恨而去。夫千金买芪，其异于他芪可知。药客识之，亦芪之一幸也。

奉吉勘界委员　刘建封　谨志

117

---

① 黄芪，原本皆作黄耆。《丛书》均改为黄芪，未注。今从之。

注　释

[1]　曾此至：应作曾至此。

[2]　泰西：犹言极西，旧时用以称西方国家，一般指欧、美各国。如明末成书之《火攻挈要》，即题泰西汤若望授。

[3]　鹅眉山：又作峨眉山。

[4]　富市山：又作富士山。

[5]　金州半岛：辽宁省辽东半岛自普兰店至皮口一线以南地区。西临渤海复州湾和金州湾，东滨黄海。海岸曲折。南端为旅大半岛。

[6]　五岳四渎（dú 读）：五岳，指东岳泰山、西岳华山、南岳衡山、北岳恒山和中岳嵩山，是我国五大名山。四渎，中国对四条独流入海的大川的总称，即江（长江）、河（黄河）、淮、济，见《尔雅·释水》。其时淮、济犹独流入海，故得与江、河并列。唐始以大淮为东渎，大江为南渎，大河为西渎，大济为北渎，为金、明各代所沿袭。

[7]　摩诘：王维的字，唐朝诗人、画家，善画山水与松石。北宋苏轼称他为"南宗绘画之祖"，并言文人画自王右丞始，存世《雪溪图》《写济南伏生像》相传是他的画迹。

[8]　襄阳：即孟浩然（689—约 740，一作 691—约 740）唐朝诗人。襄州襄阳（今属湖北）人。早年隐居鹿门山。年四十，游长安，应进士不第。后为荆州从事，患疽卒。曾游历东南各地，诗与王维齐名，称为"王孟"。其诗清淡，长于写景，多反映隐逸生活。有《孟浩然集》。

[9]　天池在长白山巅为中心点，……大概言之：整个天池略呈椭圆形，南北径长 4850 米，东西径长 3350 米，集水面积 21.41 平方千米，

分水岭周长 18.11 千米，水面面积 9.2 平方千米，水边周长 13.11 千米，湖面海拔高度 2155 米，湖水最大水深 312.7 米，平均水深 204 米。①

[10]　丽：应作"麓"。

[11]　首大如盎（àng）：头大如盎。盎，古代称一种腹大口小的器皿。

[12]　糜鹿：糜应为"麋"，鹿的一种，称作驼鹿。麋鹿有二解：（一）麋和鹿；（二）四不像。

[13]　缇（tí 提）衣：丹黄色的衣服。袜袼（mèi gé 妹格）——护膝。睢盱（xū 虚）拔扈　像睢鸠鸟一样瞪大眼睛怒视上方。拔扈，应写作"跋扈"。

[14]　鳞：应作"鳞"。

[15]　长白山高二百余里：长白山最高峰为白云峰，海拔 2696 米。②

[16]　别驾：官名。汉置别驾从事史，为刺史的佐吏，刺史巡视辖境时，别驾乘驿车随行，故名。魏晋以后均承汉制，诸州置别驾，总理众务，职权甚重，当时论者称其职居刺史之半。隋唐改为长史。唐代中期以后诸州仍以别驾。

[17]　二十二差：疑二十为"廿"之误。

[18]　劂同"劚"，大锄。

[19]　骙瞿飞触之状：（野鹤、海燕）被惊骇得上下翻飞不息的样子。骙（kuí 奎），不息也。瞿，又作"䀠"解，走貌，奔触，百禽悷遽。

[20]　麀（yǒu 有）鹿：母鹿，麌麌（yǔ 雨）鹿群聚的样子；骈

---

① 据王季平主编的《长白山志》，"天池南北径长 4.14 公里，东西径长 3.35 公里，水面面积 9.82 平方公里，水边周长 13.17 公里，湖水最深处 373 米，平均水深 204 米。

② 长白山中国一侧最高峰为白云峰，海拔 2691 米。

（pián 蹁）田　亦作"骈填"或"骈阗"，罗布，连续，聚集。偏仄躺卧。偏，腹满曰偏。仄，倾斜。

[21]　登台：今作"灯台"。

[22]　二角：今作"二甲"。

[23]　因葡匐入：葡匐，应为"匍匐"。

[24]　四、五、六披叶：今写作"四、五、六品叶"。老放山人仍说"四披叶、五披叶，六披叶"。人参的地上茎，最大者为六品叶，无"七品叶，八品叶"。老山　又称"大山"，或"大货"，为老放山人的俗语。

[25]　背夹：昔日放山者背人参包子有两种工具：一是用杏条编的背筐（背篓），一是背夹。背夹是木制的，背在身上，行走方便。

[26]　龙爪、跨海……双胎：都是根据人参根茎的形状而起的名字。这里跨海为好，好似两腿迈大步。

[27]　人格：指人形参，最为上品。昔日最讲究体形，今亦讲究，相对而言，更讲究重量。当然，形好体大为最好。

[28]　笔帖式：清代在各衙署中设置的低级官员。掌理翻译满、汉章奏文书，以满洲、蒙古和汉军旗人担任。笔帖式，一说为满语"士人"之义，一说为汉语"博士"的音译。

[29]　火鼠：即飞鼠。此物飞起来一道火线，因此称为火鼠。

[30]　尹：古代官名。商、西周为辅弼之臣。春秋时晋国长官多称尹。汉代始以都城的行政长官称尹，有京兆尹、河南尹。元代州、县长官亦称尹。北洋军阀统治时期有道尹。

[31]　倍蓰(xǐ 希)：数倍。倍，一倍；蓰，五倍。《孟子·滕文公上》："夫物之不齐，物之情也。或相倍蓰，或相什百。"

[32] 番饼：旧时对流入中国的外国银元的俗称。过去在广东通称外国为"番"。中国旧称银币为银饼，对外国银币，因有此称。

[33] 敛衽（rèn 任）：收起衣襟。敛衽，屈膝致礼。

[34] 已抵里门：已经到达乡里之门。里门，古制，聚族列里而居，里有里门。《史记·万石张叔列传》："庆及诸子弟入里门，趋至家。"后用为家乡的代称。

[35] 牛肝木：寄生于树木上的一种菌类，俗称"老牛肝"。松树、柞树、桦树都长老牛肝，而柞树上长得最多。

[36] 会房：韩边外设立的衙门、公堂。会房是韩边外的统治机关，又是韩边外的财务管理机关，一切账目统统归其管理。会房是一个庞大的政治、经济合一的统治机构。

[37] 草扒：又作"草爬子"，生活在松树上。落在人身上吸血，用手指弹掉，要把头用针抠出来。或用烟头烤，一烤它就松了口，不弹，不烤，硬拽很容易把头留在肉里。草爬子有红白两色，白的最厉害，被它咬了易得森林脑炎。

[38] 牛虻《安图县志》卷二《物产考》："牛虻化生出柳条白沫中。四五月间，瞬息数百，大者盈寸，牛马苦之。《晋书》谓有蜹蟥塞。今至其地，始知果然。《明实录》载：有察尔察图河卫。注：蒙古语，察尔察，蚱蟥也；图，有也。以之名地，可见此物之多云。

[39] 应倩麻姑痒处搔：麻姑，中国古代神话中的女仙。葛洪《神仙考》说她为建昌人，修道牟州东南姑余山。东汉桓帝时应王方平之召，降于蔡经家，年十八九，能掷米成珠。自言曾见东海三次变为桑田，蓬莱之水也浅于旧时，或许又将变为平地。后世遂以"沧海桑田"

比喻世事变化之急剧。她的手指像鸟爪，蔡经见后曾想："背大痒时，得此爪以爬背。后代文人常用作典故。如唐杜牧《读韩杜集》诗："杜诗韩笔愁来读，似倩麻姑痒处搔。"

[40] 相者：指相人或相士。相人，旧指观察人的面相以判定其凶吉荣枯。相士，以谈相论命为职业的人。

[41] 中表：古代称父亲的姊妹（姑母）的儿子为外兄弟，称母亲的兄弟（舅父）姊妹（姨母）的儿子为内兄弟。外为表，内为中，合称"中表兄弟"。后称同姑母、舅父、姨母的子女之间的亲戚关系为"中表"。《晋书·山涛传》："与宣穆后有中表亲。"

[42] 额驸：清代制度，固伦公主（皇后的女儿）的丈夫称为固伦额驸；和硕公主（妃嫔的女儿）的丈夫称为和硕额驸。其下又有郡主额驸至乡君额驸等，为亲王至镇国公、辅国公女儿的丈夫。

[43] 及笄（jī 鸡）：到了盘发插笄的年龄，即成年。

[44] 秦晋：春秋时，秦晋两国世为婚姻，后因称两姓联姻为"秦晋之好"。

[45] 琅邪：古邑名，春秋齐地，在山东胶南县琅邪台西北。晋废。隋开皇十六年置丰泉县于此。大业初又改琅邪，唐武德初废。奉为琅邪郡治所。

[45] 凌波浅细：形容女子步履轻盈。凌波亦作"陵波"。曹植《洛神赋》："陵波微步，罗袜生尘。"

[47] 相攸（yōu 优）：择婿。《诗·大雅·韩奕》："为韩姞相攸。"朱熹集传："相攸，择可嫁之所也。"

[48] 祝嘏（gǔ 古 jiǎ 甲）：祝寿。古代仅用于皇室、贵族，后通

用于一般人。

[49] 福晋：满语贵妇。一说即汉语"夫人"的音译。 清代制度，亲王、郡王及亲王世子的正室均称为福晋，侧室则称为侧福晋。

[50] 广陵散：又名《广陵止息》，琴曲。三国魏稽康以善弹此曲著称。

[51] 赤乌：古代传说中的瑞鸟。《墨子·非攻（下）》："赤乌衔珪，降周之歧社。"《尚书大传·大誓》："武王伐纣，观兵于孟津，有火流于王屋，化为赤乌，三足。"

[52] 蹴鞠（促鞠）：亦作"蹙踘""鞠踘"。我国古代的一种足球运动。

[53] 远杜蹊塞：堵塞道路。张衡《西京赋》"结罝万里。远杜蹊塞"。远，道路。杜，堵塞。

[54] 元池：本书有"元池"与"圆池"两种写法，今一律写作"圆池"。圆池，又称天女浴躬池。因为湖形浑圆，当地人称为圆池。清朝时候，人们尊圆池为生"龙"圣地。后人为了纪念这个清朝发祥之地，便在圆池边二十米左右处，用落叶松扎成围墙，又在圆池西南角立了"天女浴躬池碑"一座。

[55] 贝勒：清朝的亲王和郡王。

[56] 箑扇：扇子。《淮南子·精神训》："知冬日之箑，夏日之裘，无用于己"。

[57] 濛江：地名，今称靖宇。

[58] 干山篱落：今作"干山利路"，即上山采药、采蘑菇、打猎、放山等统称。

[59]　五通：即"五圣"。旧中国南方（一说不限于南方）乡村中供奉的神道。本是兄弟五人，唐末已有香火、庙号"五通"。宋徽宗大观年间赐庙额曰"灵顺"。宋代由侯加封至王。因其封号第一字为"显"，故又称"五显公"。旧时认为"五圣"是凶神。

[60]　富儿河：今作"富尔河"。

[61]　石耳：地衣门，石耳科。植物体星叶。

[62]　珠：珍珠，也作"真珠"。此指"东珠"。

[63]　食狗则醉，食猪则瘫：虎食猪则瘫，没有根据。虎食狗则醉，确有实例。1947年土改时，抚松县北岗参农靳连学领着狗看守参园，一虎闯入，吃掉狗后，醉倒一二天。虎醒来又入森林。

[64]　派子：小沟岔。

[65]　大荒：最荒远的地方。《山海经·大荒东经》："大荒之中有山，名曰合虚。"左思《吴都赋》："出乎大荒之中，行乎东极之外。"

[66]　迡听鹿呼麛：远听大鹿呼唤小鹿。迡（tì替），远。《书·牧誓》："迡矣西土之人。"麛（mí迷），同"麂"，即小鹿。

[67]　魖魖魈魅：魖，查《康熙字典》《中华大字典》皆无此字。其字形近似"魑"字，读yòu，意为神在山中也，亦鬼名，或作魑、魖、魖。魖（shēn申）《说文》：神也。《山海经》：青要之山是多仆累蒲卢魖，武罗司之。注：武罗神，名魖，即神也。魈（xiāo消），即"山魈"，出汀州，独足鬼。《抱朴子，登涉篇》：山精，形如小儿，独足向后，夜喜犯人，名曰"魈"，呼其名则不能犯也。魅（mèi媚），鬼魅，精怪。旧时迷信以为物老则成魅。《康熙字典》：螭魅，山林异气所生，

为人害者。《史记·五帝纪注》：螭魅，人面兽身，四足，好惑人。

[68] 魑魋：魋（dōng 东），《玉篇》：鬼杀人。《类篇》：鬼名，魋（làng浪），江鬼，丑貌。

[69] 毂击背摩：背似"肩"之误。应是"毂击肩摩"。毂（gǔ古），车轮中心的圆木，也作车轮的代称。

[70] 乌喇：今作"乌拉"，满语，意为江。

[71] 银鱼河：今作"仁义河"。

[72] 乌米河：今作"无名河"。

[73] 大蒲苓河，小蒲苓河：今作"大蒲柴河""小蒲柴河"。

[74] 汗葱沟：今作"塞葱沟"。

[75] 宝马川：今作"报马川"。

[76] 炸子窑：今作"咋子"。

[77] 宁古塔：城名。相传清皇族远祖有兄弟六人居此，满语"六个"为"宁古塔"。有新旧二城：旧城即今黑龙江宁安县西海林河南岸旧街镇，康熙五年（1666）迁建新城，即今宁安县城。

[78] 纳殷部：又作"讷殷部"。明女真诸部之一。分布在赛因讷殷和额里讷殷二水沿岸（在今长白山北，松花江上游一带）。万历二十一年（1593）为努尔哈赤合并。

[79] 洮南府：在吉林省西北部、嫩江支流洮儿河流域，平齐、白阿等铁路通过境内。1904 年设洮南府，1918 年改县，1958 年与白城县部分地区合并为洮安县。

[80] 辑安：旧县名，在吉林省东南部，1965 年改名集安县。

[81] 安东：旧市、县名。在辽宁省东南部。1965年改为丹东市，安东县改为东沟县。

[82] 咸镜南道：朝鲜行政区。在东北部。面积1.7万多平方千米。首府咸兴。

[83] 平安北道：朝鲜行政区。在西北部，北以鸭绿江同中国相邻，西临西朝鲜湾。首府新义州。面积约1.2万平方千米。

[84] 大排：本书所述之木排分大排与小排，大排叫本字排，又叫硬吊子，小排叫洋木排，又叫软吊子。穿本字排时，先用大锛子把圆木锛成四方形的木荒子，再在两头掏成眼儿，用吊檩子横穿一起，让小头在前、大头在后，一节节地用柞树绕子连结起来。排后有架，安上一支橹和五六支棹，排上铺木板，做上木板小房，美其名曰"花棚"。花棚如同船舱，分三间：一间做饭、一间睡人，一间供山神爷、老把头、龙王。穿洋木排比较简单，排节与排节之间全用柞树绕子拴好。洋木排，头小肚子大：头吊子为九根圆木，二吊子为十一根圆木，三吊子为十三根圆木，四吊子为十五根圆木……洋木排安全灵便，鸭绿江上的木把们逐渐改放洋木排，现在根本看不到本字排了。昔日松花江上放本字排多一些，鸭绿江上放洋木排多一些。

[85] 临江县：在吉林省东南部。1960年撤销，改设浑江市。

[86] 瑷河：鸭绿江支流。在辽宁省东南部。源出宽甸县北，西南流纳草河后折向东南，到丹东市附近入鸭绿江。

[87] 双甸：抚松县城旧称。

[88] 塔甸：长白县城旧称。

[89] 参军：官名。汉末曹操以丞相总揽军政，其僚属往往用参

丞相军事的名义。此后直到南北朝，凡诸王及将军开府者，皆置参军，为重要幕僚。唐制，诸卫及王府官俱有录事参军事等，外府州亦分别置司录事参军等，简称参军，宋有司户参军，为地方上的低级官员。元废。

[90] 沇（演）：作"兖"，济水之别称。

[91] 漾（样）：作"养""济"。古水名。《书·禹贡》："嶓冢导漾，东流为汉"，指汉水上源。古人误以西汉水为汉水之源（一说此系古代实际情况，汉水上承西汉水处在今陕西省宁强县西北阳平关，六朝时遭地震，东西二汉始隔绝不通），故《汉书·地理志》以西汉水某一支流为养水，《水经注》以西汉水上源为漾水。后人既知西汉水与汉水并不通流，因又以今陕西勉县西汉源为漾水。

[92] 东海渥集：东海三部之一部的一个地区。东海三部是清代对居住在今吉林长白山麓与乌苏里江一带滨海地区及黑龙江中下游地区的瓦尔喀、虎尔哈（一称库尔喀）、窝集三部的合称。即明代人所称野人女真的一部分。窝集即渥集。

[93] 雷池：古雷水自今湖北黄梅县界东流，经今安徽宿松至望江县东南，积而成池，称为雷池。自此以下，东流入江，故雷水又有雷池之称。东晋时庾亮《报温峤书》："足下无过雷池一步也。"意思是叫温峤坐镇原治，不要越雷池而东。后用以表示逾越的一定范围。

[94] 带砺：比喻久长。《晋书·八王传序》："锡之山川，誓以带砺。"亦作"带厉"。《史记·高祖功臣侯者年表》："封爵之誓曰，'使河如带，泰山若厉，国以永宁，爰及苗裔。'"裴骃集解引应劭曰："封爵之誓，国家欲使功臣传祚无穷。带，衣带也；厉，砥石也。河当何

时如衣带，山当何时如厉石，言如带厉，国乃绝耳。"

[95] 左券：古代契约分为左右两联，双方各执其一；左券即左联，常用为索偿的凭证。《史记·田敬仲完世家》："公常执左券以责于秦、韩。"

[96] 鄂鲁春：今作"鄂伦春"。

[97] 延吉厅：延吉，旧名局子街，也叫烟集岗。清置延吉厅。1913年改延吉县。

[98] 太阿之柄：太阿剑之柄。太阿，亦作泰阿。古宝剑名《史记·李斯列传》："服太阿之剑，乘纤离之马。"相传太阿剑为春秋时欧冶子、干将所铸。见《越绝书·外传记宝剑》。

[99] 咨文：用于平行机关的公文。

[100] 二十八宿：亦称二十八舍或二十八星。我国古代天文家为了观测天象及日、月、五星在天空中的运行，在黄道带与赤道带的两侧绕天一周，选取了二十八个星官作为观测时的标志，称为"二十八宿"。它又平均分为四组，每组七宿，与东、西、南、北四个方位和苍龙、白虎、朱崔、玄武（龟蛇）四种动物形象相配，称为"四象"。二十八宿以北斗斗柄所指的角宿为起点，由西向东排列，它们的名称和四角的关系是：东方苍龙，角、亢、氐、房、心、尾，箕。北方玄武，斗、牛、女、虚、危、室、壁。西方白虎，奎、娄、胃、昴、毕、觜、参。南方朱雀，井、鬼、柳、星、张、翼、轸等。二十八宿与三垣结合在一起，成为我国古代划分天区的标准。有关二十八宿及四象的记载，最早见于战国初期（公元前5世纪）。它形成的年代当更早。

[101] 昴星：即昴（mǎo卯）宿。星官名，二十八宿之一。白

虎七宿的第四宿。有较亮的星七颗，即金牛座17、19、20、21、23、25、27七星。昴宿为一著名的星团，叫"昴星团"，俗称"七姊妹星团"。

[102] 圭臬：指事物的准则。圭（规），测日影器，臬（聂），射箭的标的。黄佐《乾清宫赋》："揆口晷，验星文，陈圭臬，絜广轮。"鲁迅《坟·人之历史》："适应之说，迄今日学人犹奉为圭臬。"

[103] 《格致》："格物、致知"的省称。谓穷究事物的原理而获得知识。语出《礼记·大学》"致知在格物，物格而后知至"。

[104] 说项：唐代项斯为杨敬之所器重，敬之赠诗有"平生不解藏人善，到处逢人说项斯"之句，后谓替人说好话或讲情为"说项"。

[105] 兴凯湖：在黑龙江省东南中俄两国边境上。北部属中国，南部属俄罗斯。湖略呈椭圆形。面积64.380平方千米，湖面海拔69米，最深达10米。湖水东北溢出为松阿察河，注入乌苏里江。环湖多沼泽地及湖岗，西北岸较陡峻。湖中富产鱼类。其北有小兴凯湖，两湖之间有宽约一千米的沙坝，涨水时相通。

[106] 蜂蜜山：在黑龙江省密山县境内。密山县在黑龙江省东部，穆棱河中游，林密铁路横贯。1908年（光绪三十四年）设蜜山府，1912年改蜜山县，1931年后改"蜜"为"密"。

[107] 回禄：传说中的火神。《左传·昭公十八年》："禳火于玄冥、回禄。"杜预注："玄冥，水神；回禄，火神。"后用作火灾的代称。《聊斋志异·马介甫》："又四五年，遭回禄，居室财物，悉为煨烬。"

[108] 鼍（tuó 陀）：动物名，"扬子鳄"，俗称"猪婆龙"。爬行纲，鼍科。皮可张鼓。

[109]　西安：旧县名，在吉林省南部，今改为辽源市。

[110]　派子：方言大片的森林称作"派子"。"派子"按方音读pǎi zì。

[111]　观察：清代对道员的尊称。唐代于不设节度使的区域设观察使，为州以上的长官。后人因为分守、分巡道员也管辖府、州，就借用以称一般道员。

[112]　刺史：官名，从西汉武帝始，虽经多次改换，历代都用过此官名。宋制以朝臣充知州，虽仍有刺史一官，仅属虚衔，并不赴任，习惯上又与太守均用作知州的别称。清代也用作知州的别称。事实上与前代的刺史不同。

[113]　司马：官名。（1）两周始置，春秋、战国时沿用。掌管军政和军赋。汉武帝时罢太尉置大司马，后世用作兵部尚书的别称，侍郎则称少司马。（2）汉制，大将军营五部，部各置军司马一人。魏晋至宋，司马均为军府之官，在将军之下，综理一府之事，参与军事计划。唐为郡的佐官，明清因称府同知为司马。

[114]　大令：秦汉以后县官一般称令，后来用作对县官的尊称。

[115]　孝廉：明清时对举人的称呼。

[116]　飞鼠：哺乳纲，鼯鼠科。体形似松鼠，主要区别为，前后肢之间有宽大多毛的飞膜。

[117]　八披叶：人参的地上茎，最大的是六披叶（今作"六品叶"），根本不生八披叶。在一些人参故事中称八品叶，纯属想象、虚构。

[118]　倭：古日本称号。《汉书·地理志下》："乐浪海中有倭人，分为百余国。"颜师古注引《魏略》："倭在带方东南大海中，依山岛

为国。"

[119]　巡检：官名，始于宋代。主要设于关隘要地，或兼管数州数县，或管一州一县，以镇压人民反抗为专责。以武臣为之，属州县指挥。在海南及归、峡、荆门等地，则置都巡检使。金、元沿设巡检一官，多限于一县之境。明、清州县均有巡检，多设司于距城稍远之处。

[120]　夫余王碑：即好太王碑。东晋安帝义熙十年（公元414年），高句丽第二十代长寿王为追记先祖所立，位于吉林省集安市城东北4公里。[①]果树厂乡境内。碑身是一块略呈方柱形角砾凝灰岩巨石稍加修琢而成。高6.39米，面幅1.4米至1.85米不等，四面环刻汉字碑文，东南为正面，共44行，每行41个字，共1775字，字体在楷隶之间，工整凝重，古朴端庄。

[121]　百残：即"百济"。

[122]　新罗：朝鲜古国。本辰韩十二国中之斯卢国。

[123]　柳边：即柳条边，又名盛京边墙、柳墙、柳城、条子边。清顺治间开始分段修筑，至康熙中陆续完成的一条柳条篱笆，禁止边内居民越过篱笆打猎、采人参、放牧。南起今辽宁凤城南，东北经新宾东折西北至开原北，又折而西南至山海关北接长城，名为"老边"。又至开原东北至今吉林市北，名为"新边"。老边自开原以东归盛京兵部管辖，边墙以东为围场禁地。老边自开原以西归奉天将军管辖，新边归吉林将军管辖，边墙以西为蒙古部落驻牧地。初设边门二十一，后减为二十。每门常驻官兵各数十人，稽察出入。

[124]　怀仁县：今称桓仁县。在辽宁省本溪市东部、鸭绿江支流

---

①　好太王碑，位于集安市东4公里，非东北。

浑江流域，邻接吉林省。清末由岫岩州析置怀仁县，1914 年改桓仁县。

[125]　濛江州：后改为濛江县，在吉林省东南部，1946 年后改名靖宇县。

[126]　韩边外：指辉发河各支流的合流点以上的松花江流域，包括桦甸县的四分之三，安图县、濛江县（今靖宇）的全部，抚松县的大部分地区，其方圆东西约四百里，南北约三百至四百里。韩边外，实际是"韩家王朝"的俗称。《南园丛稿·韩边外志》："其地东西袤长八百余里，南北横幅五六百里，皆效忠势力范围也。盖今吉林南部之桦甸、磐石、敦化、濛江，奉天东南之抚松、安图，曩皆称之为韩边外。初韩与人樗捕时，偶戏以边外自豪，其后众或沿而呼之，遂并以名其地，或'韩家'，亦曰'韩国'云。"樗捕，应为"摴蒱"或"摴蒲"，同"樗蒲"，古代博戏。并作为赌博的通称。

[127]　苏拉河：今作"色勒河"。

[128]　各参户板房颇多，均系男工，未有妇女：此话不确切。《抚松县志》："每年做货在白露节，谓之开锅。将参由池挖出，雇人洗刷，谓之刷水子。俗谓'妇女刷水子出货色气较好'，又谓'人参属阳，妇女属阴，阴阳相生，故色气好'亦趣谈也。其实妇女性体温柔耐烦，做货精细使然耳。"

[129]　旧雨：杜甫《秋述》："常时车马之客，旧，雨来；今，雨不来。"谓旧时宾客遇雨也来，而今遇雨就不来了，辛弃疾《雨中花慢·登新楼有怀》词："旧雨常来，今雨不来，佳人偃蹇谁留！"后以"旧雨"为老朋友的代称。如：旧雨新知，欢聚一堂。

[130]　大父：祖父。《韩非子·五蠹》："大父未死，而有二十五

孙。"外祖父。《汉书·娄敬传》："冒顿在，固为子婿；死外孙为单于；岂曾闻外孙敢与大父亢（抗）礼哉！"

[131] 风鉴：（1）风度识见。《晋书·陆机陆云传论》："风鉴澄爽，神情俊迈，文藻宏丽，独步当时。"庾信《周大将军闻嘉公柳遐墓志铭》："君器宇祥正，风鉴弘敏。"（2）旧指相术。

[132] 鹿骨钗：俗称鹿骨签子。挖人参的工具之一。 钗（chāi 拆），妇女发髻上的一种首饰。

[133] 山左：山东旧时的别称。同在太行山之左（东）得名。

[134] 云孙：从本身算起的第九代孙。《尔雅·释亲》："仍孙之子为云孙。"

[135] 杨子哨：本书有"样子哨""杨子哨"两种写法，今作"样子哨"。

[136] 县丞：官名，始于战国，秦汉沿置，典文书及仓狱，为县令辅佐。历代所置略同。清代县丞为正八品官。

[137] 东平：1903 年（光堵二十九年）设东平县，1913 年改东丰县。在吉林省南部，辉发河上游，邻接辽宁省，四梅铁路经过境内。以产鹿著名，有全国较早的养鹿场。

[138] 拇战：即"豁拳""猜拳"。《汉学师承记》："拇战分曹，杂以谐笑。"

[139] 坟典："三坟五典"的简称。常泛指古书。《后汉书·赵壹传》："敷玩坟典。"

[140] 禹鼎：西（汉）[周] 晚期青铜器。宋代《历代钟鼎彝器款识法帖》等书著录。称为"穆公鼎"。铭文二百零五字，记述鄂侯（名

御方）率淮夷、东夷反周，周王曾以其"西六师""殷八师"进攻鄂侯，未能取胜。禹以武公的兵车百辆御徒千二百人参与作战，终于俘获鄂侯。

[141] 汤盘：即商汤、盘庚。

[142] 夜间山中露宿……不知何意：据传，豺狼在猎人露宿的周围撒尿后，野兽闻到尿味就不敢上前伤害猎人，怕豺狼追获食之，连威镇山林的老虎都怕豺狼。豹狼体小灵巧，飞跃兽身，咬住耳后，猛兽也无可奈何。等到有水处，豺狼将兽咬死，一边吃一边排泄，直至吃完便完为止。

[143] 木器河：今作"木其河"，在吉林省桦甸县境内。昔称"穆奇河，在板庙西北八十余里。中隔猴岭，上下近二十里。树色葱茏，密护四山。山间小道，乱石纵横，马行颇为困难。"见《南园丛稿》。

[144] 金城：今称"地窨子"，在桦甸县境内。《南园丛稿·韩边外志》："金城，地踞山中，距猴岭东北十三四里，韩氏之居在焉，故其名特著，土人亦称地窨子。"

[145] 制艺：亦称制义、时艺、时文，八比文或四书文。古代应试所作文章，其文体为科举考试制度所规定。在明清两代，一般指八股文。

[146] 策论：策是策问，论是议论文。宋金科举制度，曾用以取士。《宋史·冯拯传》："拯与王旦论选举帝前。拯请兼考策论，不专以诗赋为进退。"《金史·章宗纪三》："会试，取策论、词赋、经义，不得过六百人。"清康熙年间取士，曾改试策论，不久废；到光绪季年，凡乡试、会试及生童岁科各试，废八股文，改试策论，不久亦废。

[147] 敦化县:据历史记载,隋唐时期,有"靺鞨"(亦称粟末靺鞨)生活于此。唐圣历元年,即公元698年,其首领大祚荣率众来至奥娄河,亦称忽汗河,即今牡丹江,建立忽汗城,号"震国"。① 公元713年,唐玄宗册封大祚荣为忽汗州都督渤海郡王,始称渤海国,建都忽汗城(亦称阿克敦、鄂多哩,敖东),即今敦化。于清光绪八年(1882年)设治,命名为敦化县,其名出自《中庸》"大德敦化"一语,含有"以德治理"之意,沿用至今。见《敦化县地名志》。

[148] 牡丹岭:位于敦化县的南部和西南部,呈东西走向,略偏西北,海拔1073.4米,地势较高,一般坡度均在30度左右,为敦化与安图的分界线。面积1991.8平方千米,山地面积占23.26%。山间森林茂密,多为松、桦、柞、杨混生林。山间河溪较密,有两条较大河流分别发源于该岭的南北麓,即牡丹江发源于北麓,富尔河发源于南麓,均呈东西流向。牡丹岭为满语,意为"弯曲"之意。见《敦化县地名志》第392页。

[149] 夹皮沟:《南园丛稿·韩边外志》:"苇沙河之支流也。四山环绕,中亘一沟,沟长不及三里,宽不及二十丈。清光绪二十年前后,沟中产金甚旺,矿夫至四五万人。"又:"夹皮沟,此地为金厂所丛聚,又当四方交通之冲。盖部落中之重要地也。特派韩家近族韩守宪为总办,鲍之显为帮办,以驻之。并地方诸务皆委之。当有事时,一言号召,三四千人可以立集。旁近上戏台,又有韩家所修之炮台峙焉。外环以土城,周可三四里,高及丈,骈列抬枪,以备守御。例设团兵五十余名"。

---

① 奥娄河与忽汗河,不应等同。忽汗河为牡丹江。奥娄河,可能为牡丹江支流沙河。

[150]　金匪:《南园丛稿·韩边外志》:"金匪非匪也,特以私掘金矿故。故官府数遣兵搜捕之。

[151]　原籍山东:韩边外的原籍有三种说法:《南园丛稿·韩边外志》:"山东登州人也";《夹皮沟金矿史》:"山东文登县人";《江城日报》载《桦甸的采金与韩边外》,"鲁籍莱阳人"。

[152]　复州:今之辽宁省复县的旧称。

[153]　浑春:今作"珲春"。

[154]　由是韩边外之名,遂传于吉林南岗:《南园丛稿·韩边外志》:"韩因慷慨仗义,凡官吏捧檄而来,或南士薄游塞上者,皆倾身结纳之,无不欣喜过望以去,于是韩边外之名,乃愈鹊起于白山黑水间矣。"

[155]　受文不善理事……故以长子登举经理家务:《南园丛稿·韩边外志》:"效忠主子曰受文,性愚暗。且弱而多病,终岁与其妻同居吉垣,不常至其领地也。有孙男四人:曰登举、曰登云、曰登朝、曰登庸。登云、登庸皆放荡嗜鸦片,不事事,惟登举能绳其祖。登朝能辅其兄。登朝初为夹皮沟管事,众咸安之。登举遇事亦时与商榷,赖以分肩焉。登举,字子升。幼娶金城侯氏女,即效忠微时主家也。然夫妻屡反目,遂以奸出。侯家亦中落,屡丐人居间求收覆水,登举终不许,自娶孙氏为继室。"按《北满矿志》的韩家系图表,其孙男应为三人,与本书相同;登云,登绣(登庸),应为效忠弟庆忠之孙男。

附東荒譚餘

刘建封（左一）在踏查长白山途中（王瑞祥摄　张海鸥翻拍）

附：东荒谭余

撰写：（清）刘建封　李廷玉　等

整理：安龙祯　高阁元

笺注：张福有

目　录

整理说明

一、《长白设治兼勘分奉吉界线书》于光绪三十四年十一月录于临江县署，系手抄写本。1957 年 7 月吉林省人民委员会翻印传世。

二、本书是奉吉勘界委员李廷玉、副委员刘建封在勘界后分别撰写的^①。与《长白山江岗志略》可称姊妹篇。

三、本次整理重刊，抄本百寻未见，权以翻印本为底本，并与《长白山江岗志略》相校勘。

四、原书中双行夹注改排单行小一号字；书中繁异体字径改，删增的衍夺文字分别加（ ）和［ ］。新加注释列书后。

五、此次整理，对行文格式做了调整，尊称不另抬头起行。

六、原书目录不全，径补，并注明页码。

本书由延边州地方志办公室安龙祯同志和长春市高阁元同志整理，吉林师院古籍研究所李澍田同志编订。

编　者

1987 年 3 月 20 日

---

① 李廷玉是奉吉勘界委员，原稿衍一"会"字，删。

序　言

　　客岁十月初一日，奉钦差大臣东三省总督部堂徐、奉天巡抚部唐札派调查临江一带，并绘鸭绿全图，为筹办边防之预备。是役也，有咨议厅副议员傅强同差前往，于十四日首途，十二月二十五日旋省。呈上东边形（式）［势］全图，重要捉影，并报告及意见书，均蒙宪阅俯赐采纳。本年正月二十七日卑职廷玉奉檄委署临江县事，并饬筹长白设治事宜，先后建议数十条，经厅司核议，呈蒙批准。旋奉札派长白设治差使兼充奉吉勘界委员，当以力小任重，屡请遴派干员，妥筹办法。四月初旬，加派张守凤台充长白设治总办，饬卑职帮同办理。是月二十八日卑职到临接篆。五月中旬，吉林勘界委员刘寿彭来临，与张守商订勘界各事，卑职与议其间，定有训令十条，交副委员刘建封、许中书收讫。二十九日，该员偕测绘生康瑞霖等起程，取道老岗以后，六月二十二日直跻白山，兼查松花、图们、鸭绿三江之源，尽得形势以归。中秋节后，陆续抵临，测绘边图，另成册，合并记述□[1]篇。录呈宪鉴，用代禀言，序列篇目如左。

　　光绪三十四年九月十二日奉省勘界正委员李廷玉[2]① 谨识

---

　　①　《长白丛书》稿中此处为三个空格。细审《序言》与《再序》可定，作者为李廷玉。

再　序

　　我朝龙兴长白，赖地势之雄厚，物产之丰饶，崛起一隅，遂有天下。韩人，国初纳款列为附庸，界限定以图们、鸭绿两江。俄人伺列祖平定寰宇，乘机蚕食边陲，康熙二十八年天讨实行，俄军败北，遂以黑龙江兴安大岭区分国界。道咸之间，中原多故，俄人侵及宁古塔、珲春、图们江一带。咸丰十一年仓场侍郎成琦与俄勘界，建设木牌八具。光绪十二年，北洋协办大臣吴大澂，改立石碑，与俄争回侵地二十七里。此道光以来中俄划界之失败也。溯考康熙五十一年，乌剌总管穆克登于白山之分水岭（清风岭）建立界碑，只载"审视西为鸭绿，东为土门"。光绪十二年吴大澂与韩委员李重夏会议吉林界务，以不得要领而止。此康熙以来，中韩划界之失败也。珲春定界不明，而库页岛（桦太岛）失，图们界务含浑，遂起间岛之争。去年钦差大臣东三省总督部院徐，旌节初建，于间岛问题力求解决，土门图们之辩，日人已口噤无可设辞。鸭绿与间岛毗连，初无正派，玉与傅强勘测鸭江源流，腊月下旬，经呈图说并报告及意见书，长白设府之议始定。今春派玉充奉吉勘界委员，濒行时，论以长白主支各脉，鸭绿、图们、松江正副发源，均为勘测所最要，当即敬谨牢记。率副委员刘建封、许中书，测绘生康瑞霖、李敦锡、刘殿玉、王瑞祥、陈德元、王贵然等，会同吉林勘界委员刘寿彭，秉承长白设治总办张凤台之计划，于五月二十九日，由临江起程，取道白山之北，六月二十二日直跻白山之巅。放目纵观，三岗之脉，三江之源，宛在眼底。惟念东北与俄为邻，西南与韩接壤，就地势论，与日间接；就交际论，又成直接之势。近来俄因拒日侵我形胜之区，日为攻俄扼我喉咙之地，白山左右，逼两强邻，而钦帅秉谋国之忠，挟知人之明，独张空拳，勉强为国界问题、战争问题之预备。玉等仰承意旨，竭尽血诚，踏勘山岗，寻测水线。迨归来取径，一走白山之脊，一走白山之阳，始于山脉江流，全揽形势。日来，于山水、生产、地势险要、人民生计、设治驻兵要点，再三研究，求衷一是，绘就总图一，附入分图三，恭呈宪鉴用当斯役之报，最□非曰图详说要，足为筹边者所取资也。然图不成于捉搴，说不涉于妄诞，聊可为重边务者之一助焉。是为志。

　　　　　　　　　　　　　　　　　　李廷玉

长白三江考略

考长白为辽东第一名山，实我朝发祥之主峰也。由麓至巅约三十六里，面积约三千六百方里。土少沙多，海浮石居半。冬夏雪积，树木不生。雪（于）[与]石凝，洁白一色，故名长白。中有天池成椭圆形，周约七十五里，池水深碧，昼夜出云，轰隆有声，土人呼为龙潭。波纹五色，清洁无尘，冬不结冰[3]，夏不浮萍。七日一潮，意其于海呼吸，故又名海眼。池外群峰环抱，大峰有六：曰白云、曰冠冕、曰白头、曰三奇、曰天豁、曰芝盘。小峰有十：曰玉柱、曰梯云、曰卧虎、曰孤隼、曰紫霞、曰华盖、曰铁壁、曰龙门、曰观月[4]、曰锦屏。更有伏龙冈、鸡冠岩、滚石坡、悬雪崖皆系象形命名。至若金线、玉浆两泉分注，（钓）[钓]鳌，放鹤二台并峙，花甸、松甸在池之阳，麟蛮耸池之后，又皆点缀光景，起伏争妍者也。池水三面壅注不流，惟北而偏东一线斜垂白练，泻出于天豁、龙门两峰之间，名曰乘槎河。其灌注松花、图们、鸭绿三江之水，惟松花非伏流线。按山势言，脉出东海，自东北蜿蜒而来，约千余里，土名老岭，即延吉岗也。岭至新民屯。东北有孝子山、义士阜。南有龙山、长岗、列宿泊，又南玉带山、长山、连山。自连山西南麓又东而南复起一岗，曰龟山、红山。再南曰小白山、棋盘山。东为圣水渠、七星湖。东偏南直入韩界，为南胞胎山，即土名葡萄山。又有将军峰，即土名天山。皆朝鲜之南冈也。白山正脉，自连山回环而北，有富春埠、清风岭。岭上树边碑，康熙五十一年穆克登所立之碑另有踏印为证。绕走东北有鸡冠岩，足插天池，是为白山。南而偏东为白头峰下之伏龙冈，又南三起三伏为章斐岭及横山，耸拔有力。直走而西偏北为赤壁，为长茂草顶。西为团头山。又西南为临江北冈。西北为通化老冈。自长茂草顶至大滩坪并通化老冈。冈顶共有龙湾七十二，小大相错，大者周约三十里，小者里余。自通化西北为鸡鸣山，即永陵所向之山。又西南为老龙头，即兴京老陵之龙冈。白山水线纷出，其深而长者，西南为鸭绿，西北为松花，东南为图们。考鸭江源出暖江，暖江以上名为旱河。由山之东南麓三奇峰腰陡辟一涧，迤逦西南至云门，土名南天门。又南二十六里始现细流，走九里许，东有太平川水来会，又南偏东二里小白川水入焉，又南偏西百五十里与胞河汇流，始名鸭绿，即昔之鸭绿部。顺流西而偏南至猫耳山即帽耳山。山之阳大小二十五道沟水均入焉。鸭江左岸，水之大者曰长津江、苏罗河。水之小者，曰通天沟、盖膝沟等水入焉。此就临江以上言之也。图们之源有五：一大浪河，二石逸河，三弱流河，四红土沟，五红丹水，均在山之东南，杂错分流，相距八九十里，百二三十里不等，而究以大浪河为正源，三泉奔放来自南冈平原。石逸河流细而远，亦出南冈。红丹源出北胞胎山东北，下流六十里入正派。红土、弱流皆出老岭，下流二十余里入焉。红弱之间有红土山，旧名布库里山。下有池名布尔湖里。江流而东二百里，南则石泰河、北则红旗河入焉。盖图们江源谓发自长白山派子则可，谓有长白山流出则不可。此图江上游之水线也。松花江源出自天池。全山左右，除暖江自山上流下自成一脉，其余群水，均入松江。乘槎河由天池北偏东下流如瀑布，二十里出矿泉一，土名二道白河，即讷殷旧部。而松江之源，则有头道白河出山北麓，三道白河出山东北麓，均（于）[与]暖江成交尾形也。四道、五道白河均出老岭迤西，西北流二百余里（于）[与]娘娘库河合流，土名上两江口。娘娘库地方，世称古女真国。由此至下两江口，约二百六十里。其间众水汇归，有荒沟河、古洞河、富尔河、五道柳河均入焉。此二道江也。伏龙冈西出锦江，共三岔，东（于）[与]暖江成犄角形，亦松江之源。梯云峰下出梯河，二水绝壑飞泉山腰流下四十里入锦江。山西北为大旱河，深二十余丈，宽三五丈许。流为松香河。南有华皮河、马尾河。东有大小蒲芩河、碱场河、兔尾河、万里河均入于江。漫江源出长茂草顶。流一百二十里至孤顶山后华砬子，（于）[与]锦江合流，始名头道江。江西南汤河、花园河入焉。又西北流二百二十里至鳌头砬子。又东北七十里（于）[与]二道江汇流，名曰下两江口。

此即松江上游也。舍江论山，则白山、长岗厥有三脉：一老岭，长约一千三百余里；一龙冈，长约千余里，均我领土。一南冈，长约八百里，自圣水渠、大浪河东南全为韩界。松鸭两江，则隔一龙冈。松图两江则隔一老岭。鸭图两江则隔一南冈。而头道松江（于）[与]二道松江又隔一平安岭。由白山西北起百十里为四方顶子，又北六十里为五虎阜，又北偏西二百二十里为两江口，实皆附于短冈。及两江汇流，乃始成为松花江。此三江发源三冈横亘之大概形势也。

长白山记

语云："百言不如一行，百闻不如一见"，诚是言也。（朔）〔溯〕考康熙十六年，吴木纳查看长白，仅至讷阴地方白山东北。五十一年，穆克登设立边碑，仅至于清风岭上白山东南，至今全无遗迹可证。光绪十二年，吴大澂与韩委员李重夏会勘吉林边务，砍修官道，仅至木石河。光绪十五年，吉林将军长顺派李委员，带同队兵三十二人，马驮若干，抵汤河，遇猛虎，人马被伤，引路人蓝玉基不敢前，仅在汤泉左右绘略图而返。光绪元年，英委员陆姓带测绘员十八名，觅引路人施得胜、阎大宝同往白山，将进西南坡口，陆委员失足堕涧，幸石阻得免，乃时值阴雨，未克绘。归经万里河、大度川，突遇胡匪，阎大宝与匪首王老梆子相识，以缓颊，得以身归。三十年，俄马队统领依万诺夫带兵四十名赴白山，仅将锦、漫两江绘去。三十一年四月，日俄交战，日派满洲义军副总统籁天带步兵三百余名，偕沙河子大同公司洪云龙至汤河会房，因白山雪凝，只查夹皮沟、韩边外地方而去。是年九月，俄武员带马队四百名往绘白山，至汤河会房被大雪阻止，遂向会房书手纪宝传索略图持返。三十二年六月初旬，日陆军步兵大佐依田正中带兵十六名抵白山之麓，未跻其顶去。七月间中岛可友带翻译胜麟旺并步兵三十名，测绘员六名，偕引路人王凤鸣等至汤泉，阴雨连绵，露宿月余，登山半十三次，抵西南坡口五次，未见全山真面，以雾重重也。日人焦急，野宿山上，适天暮雨雹，大如夷栗，打伤人马，引路人尽逃去，日员记其概略以归。旋有陆地测量师平安之助，测量手直井武带步兵十二名往，值天雨雪，山不能登。迨八月十五日，日派陆军步兵中佐竹岛音次郎带马兵十六名至汤河会房，闻直井武被雪未登白山，因而折回。此由西路而来者也。其由东路而来者，三十年四月，俄员、德员以马车由官道进至玉带山后，积雪尺许，舍车步行数里，未至东坡口，遂回章派地名。三十二年五月，日员带韩人至东坡口，值天阴起飓风、沙石迷人，所携捉影具均行击碎，并未得拍一影。此次在列宿泊东沟内，拣得零碎木杆、框架，盖其遗弃物也。三十三年四月间，日人偕韩官到白山东南，寻穆克登边碑，立木标于碑右，书字作志。近来日韩赴白山派子踏查者，削松记字，不可胜述，而至山顶者甚少。去秋，我边防局测绘图们源流，以天池为圆，以二道白河为水非出自天池，可见白山之上，天池之旁到者寥寥也。以我朝发祥之地，曾无下临天池，合十六峰头，五道坡口，二百名区，绘详图，表布亚东为一绝大名山者；乃知探险进取之资格，统古今中外，固不可多得也。岂有登白山而不知白山之高，临天池而不知天池之深者欤。

白山调查记

郑樵曰："疆域随时变迁，山川千古不易。"[①] 诚哉是言也。按《八旗通志》，长白山高二百余里，山上有潭曰闼门，鸭绿、混同、爱滹三江皆出于此。《朝鲜图志》，山高百二十里，池围六十里。日人调查，谓山高万丈，池广八十里，小白山在长白之北。英、德、俄三国测绘家，谓山高池阔，皆不可测。聚讼纷纭，莫衷一是。委员等奉委往勘奉吉界线，以为白山为我朝发祥之地，图们鸭绿两江之源，又于国界大有关系。四月十九日由奉起程，六月二十八日同跻白山之巅，当时云雾冥濛，水声鸣鼓，候两（匀）［句］钟，天光清朗，始露白山真面。委员封带兵二名，寻西坡口下临池畔，见水天一色，积雪冻冱，峰头十六，宛在目前。越三日，印踏边碑兼查暖江之源，露宿木石河边者七日。时值天晴，封带引路人一名，兵三名，再登山顶，由东坡口下即滚石坡异常危险，见池旁犹有二台三山，形势耸矗，遂合十六峰，象形命名。兼测白山天池之高深，始知德日论长

---

① 郑樵（1104-1162），字渔仲，福建莆田人，南宋史学家、目录学家。著有《通志》等，堪称世上最早的百科全书。

白者，多悬揣之词也。就《通志》言之，^①爱滹，即暖江，下流名为鸭绿，是一江耳。混同江近山实无其名。至云山高二百余里，若就海水论之当不止此数。若就白山麓论之，高不过三十六里，焉有二百里哉。朝鲜谓池圆六十里，查天池势扼东北西南成不规之椭圆形，长约二十九里，划分三段，北段宽约二十里，中段宽约十里，南段宽约十二里，四周围只七十余里，形如初生莲叶之出水，盖非圆形也。至日人以为山高万丈，池阔八十里，乃就朝图志，约略言之，实不足据。其云小白山在长白山北一语，尤属杜撰。英德俄人谓山高水阔，皆不可测，则又扑风捉影之言也，乌足为佐证也。

---

① 此《通志》是指清长顺修、李桂林于光绪十七年（1891年）所纂的《吉林通志》。

长、安、松沿江设警议

　　警兵之设，对内资以防盗，对外赖以防边。图们鸭绿之间，均应多设警兵，借以守国界而保林业；兼可禁阻韩民之越垦，侦察日人之行为。似此以警为兵，实为消患无形之策。现在鸭图两江，既设巡警，然苦单薄而必应增募。松花下游实跨吉江，其流域之必须设防，本与鸭图无异。乃查上游头、二道江未经汇流之处，东西约五百里，南北约三百里，均在汤河会房势力范围之内，并无一警一兵。胡匪大帮、会房畏其横而欢迎之，胡匪小线，会房又嗜其利而豢养之。无惑乎盗源不清，会房之凶焰日以炽也。兹将长、安、松沿江设警地点，开列于后。

　　长白府属：（一）章斐岭，（二）十三道沟口，（三）二十一道沟口，（四）塔甸，（五）半截沟，（六）二十三道沟口，（七）东干沟子，（八）十二道沟被荫亭，（九）八道沟口。

　　安图县属：（一）七星湖，（二）大浪河，（三）红丹水，（四）长派，此图们上游；下归延吉厅筹设，（五）上两江口，（六）

浪柴河，（七）长汀，（八）乐陵河口。

松甸县属:（一）漫江,（二）黑河口,（三）板石河沟口,（四）汤河口,（五）松甸,（六）二道花园口,（七）下两江口。

勘 界 说

　　兵书有之，知己知彼，百战百胜。用兵且然，勘界何独不然。以今于中韩国界问题，略知其故矣。穆克登之查边也，立碑分水岭上，己界，非彼界也。吴大澂之修官道也，砍树至木石河边，己界非彼界也。近来吉省所派李委员，东边所派萧委员，并年前边防局所派绘图各委员，皆由己界而来己界而去，初无至彼国之界者，此我国勘测家之故态。人云亦云，不求甚解，抑何怪乎。韩以黑石河为越流，因之号为界江。日以土门子当碑文之土门，因指延吉为韩界。及间岛问题一出，我无确当之判决，更无可证之志图，无惑乎积月累年无解决之实际也。今将鸭图两江源流，履勘己遍，并将韩之南北胞胎山、将军峰等处，凡出水分流于鸭图两江间处，均经露宿十余日，细心考查，始知中韩界线实有天然区分，据形势以立论，指山水以相争，彼韩曰界江，日曰土门，已不战而败已，故曰知己知彼，百战百胜也。

中韩国界说

鸭图两江，为中韩天然界线，历史可考，妇孺皆知。二百余年相安日久，不待辩而自明。今者日领韩土，日人遂用暗侵手段，在白山左右黄花松上削木笔记，并于边碑之旁立一木标，高八尺余，四面书字，暗订界址，谋我边疆字多模糊难辨自字至字为界等字尚能认清。间岛风潮实前浪也。韩人曰，穆克登边碑，东为土门，尚有石堆即封堆立于江上，四十余里，昭昭在人耳目。此江于红土山东后之水，实为一江，流入豆满故名为越流[5]。越流者，越老岭而流也。即两国之界江也。日人曰土门者，地名也。白山之北六百余里，现在有一地名曰土门子，下有土门子河，中韩之界，即指土门子而言也。就韩语推之，其所图赖者，白山东南一带宽长均约百余里。就日语推之，由白山东南兼跨北面所图赖者，长约千余里，宽约五百里，意谓中国地大物博，素昧测绘，又未踏查，按日本之图，取一天然界线，即万国来此会勘，亦不能指为图赖，故易其名为"间岛"也因此地界乎中韩之间，称为间岛名可混矣不知西为鸭绿，东为土门，实指两江而言参看边碑辩。而土门子地方，确在白山之北，距山六百余里，为延吉辖境，并不在白山以东。日人以土门子为土门，其无稽之谈，虽三尺之童，亦不为所欺也。盖两江下游以水为界，界限天然，两江上游，自大浪河以至暖江隔一南岗，竟无界碑为证。倘不及时勘订，作志绘图，以备与日订约，诚恐小白山、七星湖一带，将来必为日人吞食。兹拟中韩会勘国界时，有当注意者六事，如下：

一、暖江，葡萄二水合流处名为鸭绿江。自应以此为准点，决不可以暖江混为鸭绿。

二、图们江源以大浪河为正派，石逸河[6]在南，红土沟在北，二水均属细微，决不能舍正流而取支流。况大浪河居中，界址天然，最易勘订。

三、大浪河以西直接南岗，实无水线可寻。惟岗西南出一圣水渠，奔流鸭绿与大浪河分流成犄角形。就国界言之，鸭绿以东图们以西，自应以圣水渠为中韩界限，方觉名正言顺。

四、大浪河、圣水渠中间隔一南岗，约四十五里，岗平坦多属松甸。自圣水渠东至张派地方，经图江南岸，旧有草道，现日人树有电杆，原系华韩人由安东等处，东赴珲春之路，会勘国界，即以此道为准点。

五、两国会勘，宜立界碑，其最要地点，查有五处：（一）大浪河发源之处即三泉眼地方，（二）南岗草道择一平原地方，（三）圣水渠发源之处即圣人府左右，（四）圣水渠入胞胎河之处立于胞胎河西北岸，（五）暖江与葡萄河汇流之处立于两江之间。以上五处均属要点，其余应立碑处，随时核订。

六、界址勘订，尤须移民添警，速为布置为至要。盖圣水渠南四十里外，韩民不少，渠北与西四五十里外，仅有猎者两户，一住新民屯徐永顺绰号徐单子，一住小白山徐姓单子之宗家，现在小白山一户，日人暗助韩人驱逐，屡次曾焚房屋。至十字界碑在葡萄山下，被韩人毁坏无存，实华人稀少之故。移民添警，诚固边境之先著，切不可缓。

白山边碑辩

康熙五十一年五月十五日，乌喇总管穆克登，奉旨查边，立碑长白东南麓之分水岭，文曰："审视西为鸭绿，东为土门。"含混之辞，贻误殊非浅鲜。夫查边任务，国界攸关，穆克登以总管受圣祖知遇，意必探险进取，求一天然界线，以尽臣子之分。今观立碑之地，曰分水岭，意以鸭绿、土门由此岭出水分流，国赖以区分。岂知碑西古称旱河，有名无水。鸭江之源，实出白山三奇峰下，非由岭成一派也。下流曰暖江，去碑较远，水亦无多。又南偏西百七十里与葡萄山所出之萄葡河汇流，始名鸭绿。是暖江为鸭江之源，葡萄河为来会鸭江之一派也。碑西旱河焉得指为鸭绿。至东为土门一语，尤属费解。土人云：曰韩名为石泰河者，即昔之豆满。华人名为图们者，即昔之土门。豆满江源出茂山。中韩勘界，韩遂易名石泰河，并名土门为豆满，更名图赖，历有年所，然史历不存，仅以近山居民之传言作为确据，不能折服外人。兹就理论之，白山左近，韩知有豆满，不知有土门。华知有图们，不知有豆满。是韩称豆满，即碑之土门。今称图们，即古之豆满，字音相似，展转讹传，实则一江而已。尤可怪者，韩以碑东由岭所出之黑石河上有石堆可凭，名为界江，一名越流江，碑下当有土门形象，当日两国以此为界，碑之曰土门，即此江也。今就黑石河上下履勘，不但无土门形势，并无土门名称。且此河黑石极多，上游深不盈尺，下游宽不满丈，河身长只四十里，下即平衍无踪。谓入白河无形可考，谓入图门又隔老岭。按山之水势窥之，亦区区一石沟耳，乌足为界江哉；如以土门即指碑西旱河之右、白山南而偏东之石门，土人实名为南天门。且石门难与土门相混，而方向亦相左也。如谓白山东南木石河下有一沙门或是土门之误，不特地点不合，而沙与土并无音转之可疑也。考图们一江，其源有五。大浪河乃其正派，并无土门形迹。是西为鸭绿，系指江而言；东为土门，亦指江而言也。倘以土门为地名，山之西犹有名鸭绿之地乎？倘以土门为形象，山之西谁能取鸭绿之形乎？盖土门即图们，犹之讷殷即纳殷，胞胎即葡萄也。且碑文审视二字，是就白山遥望两江之势而言。非指岭西即鸭绿岭，东即土门也。查当日立碑于此，意以为登白山者，人人得而易见。况韩为我国附庸，故碑上横书大清，不列朝鲜字样。直书康熙年月日，不列朝鲜年月日，此即默寓春王正月之意。末书朝鲜某官某人，其书朝鲜也，如书乌喇同；书某官也，如书总管同；书某人也，如书穆克登同。诗曰：普天之下，莫非王土；率土之滨，莫非王臣。穆克登之意，其在斯乎。但韩属我国，界址不清，无甚关系。今则韩归日领，不清界址，难免葛藤。间岛实殷鉴也。谚云：一误岂容再误，故不得不作碑辩，为将来勘国界者之一助焉。

穆克登分水岭碑文

碑高三尺有奇，宽约二尺，字体端严。照原式录下：

乌喇总管穆克登奉

旨查边至此审视西为鸭绿东

为土门故于分水岭上勒

石为记

大
康熙五十一年五月十五日

笔帖式苏尔昌通官二哥

朝鲜　军　官李义复赵台相

差使官许　梁朴道常

清

通　官金应德金庆门

167

天池附近形势一览图说

　　此图于白山主脉，天池现象，图们、鸭绿、松花三江发源，测绘特详。而地区、地物、地形可分列清楚，俾阅者一目了然，庶不特从前神异之说，风影之谭，从此息喙；即近来略觇形势，辄诩为探险进取，迥迈寻常者，亦相对愧赧，自悔其言之夸焉。

奉吉勘界委员　李廷玉识

长白府四围提要图说

长白一府，就狭义范围言之，西南控临江，东北扼安图，西北勒松甸。就广义范围言之，西南据安东之上游，东北握珲春之全势，正北操吉林之中枢。就对外言之，长白与韩界惠山镇只隔一江，且惠山直抵北青，仅二百余里，而北青又为日本商轮停泊之区。长白东北与韩界会宁相隔三百余里。而会宁铁路已通，我界珲春，尽在控驭之下。况珲春与俄毗连，实据图们江口之上，而确在沿海州势力范围之中。故长白当奉省东边有绝大之关系。盖长白防御不固，则奉吉危，黑龙随之以惧危，而京师之左臂断矣。览是图者，当于长白四围之关系特注意焉。

奉吉分界关系图说

就国界论，应由圣水渠发源处，北取经线，包括七星湖，直抵大浪河发源处为正当不移之界限图上国界分线方向及区域稍差，于此说明。盖圣水之东，大浪之南，全为韩界葡萄山脉。圣水之西，大浪之西南，尽为我界小白山脉。山水分明，划然不紊，且圣水为入葡萄河之干流，大浪为走图们江之正派，将来以此分界，立约建碑，可为永久无可移易之证、胜券。就省界论，吉奉分疆，旧取白山中线。此次会勘界务，区为两端。一曰山界，则由红旗河尾闾起点，经牡丹岭、富尔岭、金银壁岭、柳河冈、大老岭抵头道花园之分水岭为终点。一曰水界，则由红旗河尾闾起点，经荒沟掌、五道白河口、二道白河口、上两江口、金银壁河口、五道柳河、下两江口、头道花园河口，抵山岔子之正岔为终点。若以山为界，则正北新线距正南旧线约五百里。就形式上言之，刳割吉腹，而吉省南界成新仰月形，不便者一；就管辖上言之，白山之北，凸出一区，政令施行，鞭长莫及，不便者二；就兵事上言之，由富尔岭援长白府，约千余里，由牡丹岭援安图县约五百里，由柳河冈援临江县约四百里。道途险远，征调不灵，不便者三；就物产上言之，参珠农林之利，半入奉天掌握，吉省行政费，必苦支绌，不便者四；就设治上言之，延吉、敦化、桦甸、濛江已设郡县，此番划界或割五分之一二，或割十分之三四。旧治狭隘，难资治理，势必展转割划，日事纷更，不便者五。以水为界，则正北新线距正南旧线约三百里。以形势论，非吉腹地，实成半括弧形，由红旗绕至临江、山岔子之正岔，宛如围带之约束，利一；以管辖论，东西溯南经线均在千里内外，一切行政规划，势力平均，利二；以兵事论，白山为鸭江中坚，松花为白山后劲，左有红旗河以扼图们之上游，右有分水岭以控浑江之全势，水路上交通援应便捷，利三；以物产论，冈后林木虽胜于冈前，药品参珠所出亦夥，然地割吉之南界，只二百余里，且所夺之利，均出会房之手，于吉省行政费毫无所损，利四；以设治论，拟设安图，双甸均在延、敦、濛、桦以南，割四邑瓯脱之余，以二道白河区分安双两界，即可内靖胡匪，外扼强邻，前控鸭江，后援吉省。而长白西北、松花东南又成天然之锁钥点，利五。除不便而谋五利，则山界不如水界之理，固不待辩而自明矣。就府界论，长白东北抵大浪河掌，西北抵八道沟口，北抵槽子河掌，南对韩界惠山镇，而倚界实在白山之主峰。再为推广言之，东北距安图，西南距临江，西北距双甸，道里均在五百以外，四点均平，成钩心斗角之势，且水为襟带，山作围屏，真奉省东边之主要地也。就县界论，安图上扼长白，下控延吉，直接韩境，间接俄疆，以牡丹岭为左臂，以长白为右臂，以二道白河［为］腰膂。虽境域较双甸稍狭，然此治专为对外而设，则长延之间，自以安图为扼要点。此红旗河口必须设治之说也。双甸西走海龙，北通吉府，[①]南接临江，东南达长白，东连安图，作安临之劲援，为长白之后盾。奉省交界之间，实以双甸为中心点，此南北大甸必须设治之说也。然二道白河，南引天池之水，北入松江，东有安图，西有双甸，中分一线，界址天然，遂成终古不变之定势焉。

奉吉勘界委员　李廷玉识[②]

① 北通吉府，《长白丛书》误为北道吉府。

② 原稿与《长白丛书》此处空白。奉吉勘界委员是李廷玉，将名字补上。

"间岛"辩

　　"间岛"交涉之起点，由于边碑东为土门一语，韩人之争执以此，日人之图赖亦以此。故于吉林东俗称土门子者，指为中韩界线事亦奇矣！夫现时各国暗侵政策，得尺则尺，得寸则寸，苟有利于国家，即用鸡鸣狗盗行为，亦不知怪，又安问公理哉！考土门子地方，南距白山四百余里，穆克登人即至愚，决不能指北为东；目虽不明，决不能越白山审视西六百余里之远。且土门子地势甚隘，又无天然界线可凭，日人果何所据，辄以土门子为碑指土门耶？土人云，十字界碑华夏金汤固，河山带砺长立于葡萄山下，十数年前人犹见之，近被韩毁而且亡矣。光绪十一年，北洋协办大臣吴大澂与韩委员重夏会勘边界，由珲春娘娘库、红旗河至木石河边，砍木修道，至今遗迹犹存。中韩名为官道。委员等步勘白山一带，遍访中韩各界，实无间岛名称，日人之由赖而争，真无理取闹之极者也。

图江设治说

闭锁时代，设官以治内，为人民也。开放时代，设官防外，为土地也。有人民而土地可守，有土地而人民可殖。故孟子曰，诸侯之宝三：土地、人民、政事。三者缺一不可，此理之常也。今长白府既设于塔甸，再设松甸县，是于汤河之双甸，一据鸭绿，一据松花，均于土地人民大有关系。惟图们上游，距敦化县七百余里，距边防局六百余里，其对岸之远者，为茂山城，近者为张派里。现经日本立电线、设江巡，顺江而放木排，助韩驱我。猎户窥其垂涎之势不尽，侵强不止，若不设治以抵制之，则日人伐木，韩民越垦，前波未息，后波复来，实岌岌不可终日。前呈报书拟在漫江设治，兹经踏勘形势，应以图们西岸红旗河地，放为建署处所。不独便治人民，且可保守土地。特将图们西岸设治之利，详具于下①：

一、为长白后援；

二、保图们江权；

三、易经营林业；

---

① 原稿中"设制之利，详具于左"，《丛书》改为："设治之利，详具于下"，可从。

四、可抵制外人；

五、便移民实边；

六、利开修道路；①

七、易创立市廛；

八、利垦荒种谷。

---

① 原稿为：道路，《丛书》误为铁路。改之。

松江设治说

白山，为东三省东南半壁门户。鸭、图两江，迩邻日韩，国界森林，均有关系。故于鸭江上游设立长白府治，图江左岸拟设安图县治[①]，实为白山左右翼。而松花江独据山后[②]，倘不即时布置，则后盾不利，一遇兵事，援战济饷束手无策，尤非筹划完全之计。况松江一带居民甚少，其望治之殷，直同饥者之嗷嗷待哺。前拟设治汤河，今则改设松甸即双甸子，适中之地，不独有裨边防，并与长白、安图成鼎足之势，所谓一举而数善备也。谨将松江设治利益列后：

一、接应长、安之兵力；

二、歼除冈后之胡匪；

三、开通通海之道路；

四、消灭会房之强权；

五、保护参猎垦户之安业；

六、揽收木植矿产之利益。

---

① 安图县治不论设于红旗河地还是娘娘库（松江），均在图们江左岸，非右岸。右岸属朝鲜。此处，原稿错了，《丛书》亦未察。今改之。

② 原稿为"独据山后"，《丛书》改成"独居山后"，有失据守之意，从原稿。

开修要路议

东道之不通久矣。开国以来，凭江山之险，限隔戎马，森林所在，资以打牲射貂。故至今长、临一带未通民车，汤、漫之间仅有草道，白山左右未辟鸿蒙，古木参天，鸟道非绝，采参打猎而外，只有砍木者居走其中。而关内亡命之徒，乘机抢掠，谓之拉山。大冈南北之间，成一极大盗薮，官军不悉山路，剿捕无方，长白、安图、松甸地方，竟为狡兔之三窟。古云蜀道难，而今则东道更难于上青天也。兹将长白、安图、松甸应开路线列后：

长白至安图路线表

地名	里数
十九道沟掌至章斐岭	二百里
章斐岭东至暖江掌	三十里
暖江掌至旱沙河	二十五里
旱沙河至木石河	二十四里
木石河至新民屯	四十里
新民屯至红土山	三十里
红土山至张派	一百八里①
张派至红旗河	六十里

安图至松甸路线表

地名	里数
红旗河中段至娘娘库河掌	七十里

---

① 原稿无"十"字。这组数字之后，原稿无"里"字，但后二组皆有"里"字，加上。《丛书》将后二组"里"字删去，未从。

娘娘库河掌至沟口   八十里

沟口至长汀   六十里

长汀至黄泥河子   三十里

黄泥河至松河口   四十八里

松甸县至临江县路线表

地名	里数
北甸子至小冰湖沟	二十五里
小冰湖至汤河口	二十里
汤河口至大营	十二里
大营至松树咀	五十三里
松树咀至月朗沟	四十里
月朗沟至西川	二十五里
西川至湾沟	十四里
湾沟至四平街	二十八里
四平街至岭顶	十五里
岭顶至八里坡	十八里

白山铁路说

白山左右名为派子者，周约六百里，全为黄花松甸，路坦便于行人，土名为铁板沙。如修轻便铁轨，西南通鸭江上游，东北通二道江上游。接修支路，走向东南，通图江上游干线，不过二百六十里，支线不过百里。木排赖以输送江口，穿排下行，西南直抵安东，北偏西直抵吉林，东南直抵海参崴。隐分外人利权，暗保冈后林业。兹列轨线如下：

鸭江之二十三道沟、小白山、木头峰、黄花甸、老兰阜、乳头山至松花二道江约计三百里。

图江支线自黄花松甸至红土山、大浪河约计八十里。

记岗后会房

汤河、漫江之有人民也，自嘉庆六年始。先以采参、采香、采药，继以打牲、射貂、采珠，最后有开荒农户①。其立会也，起于咸丰八年。会首始有王老道，次邱轸，次隋复成，现系王宝、纪宝传。而会首又有正副当家等名目。所属有炮头，炮手为之羽翼爪牙。结党成群与韩边外互相往来，联络一气，谓之磕大帮头。初本与贼不分，后乃稍有规制。遇贼悍且多者，虚与委蛇或投其所好②。计穷而股小者，辄没其盗赃，收其军火，而侮辱之。其待平民也，生杀予夺，为所欲为。割耳、断腿、活埋、坠江、枪毙，视同儿戏。近居丁户，畏若虎狼③。故谚有之曰："宁遇匪首，勿遇会狗。会狗犹可，当家杀我。"盖惧之深矣！委员此次勘界，密查会房，见所割人耳若许，穿挂壁上以示威，无怪乎居民知有会房，不知有官府也。今各户闻将设治，欣然色喜，委员所至之处，人皆欢迎。惟王宝不悦，且密禀吉林上官，谓委员扰民，冀得中伤，为自张豪强地步，岂不大可虑耶。兹将

① 原稿为"开荒"，《丛书》作"开垦"，误。

② 委蛇，原稿为委蜿，《丛书》将"蜿"改"蛇"，可从。虚与委蛇，成语。蛇，读：yí。

③ 原稿"畏若虎狼"，《丛书》误为"畏苦虎狼"，校改。

会房之组织列后：

（一）正当家的王宝，附有快枪五十支，抬枪三十支，另有药库储子弹六千粒，火药四百斤。（二）帮当家的纪宝传。（三）炮头慕昌林、徐姓、孙继名、孙长有。（四）炮手四十名。（五）伙夫四十名。（六）更夫两名。（七）院夫八名。（八）园夫一名。（九）碾夫两名。（十）马夫两名。以上各自设治后，均应删除，改设警兵。而王宝派充捕盗营外委以羁縻之，其党羽则徐以解散，迨势孤之后，则入我范围矣。

大宗进款表

参园每年抽银六千两

贝母每年抽银三千两

每年各宗进款表

抽银六千两（宋体）

木把每年抽银三千两

土药每年抽银一千五百两

细辛每年抽银五百两

上　　六十吊

垦户　中户　四十吊　每年收东钱四千余吊 ①

合银四百余两

下　　二十吊

以上各项收费较巨，设治后酌抽警费，减轻杂捐，为富庶基本。附列松、安设警地点如下：

陆路设警地点列下：

松甸

一、松树咀子。

———————

① 收东钱，《丛书》误为"收中钱"，校改。

二、团头子山。以上两处做为一社，名曰崇文。

三、头道花园、龙冈，花园左近作为一社，名曰尚武。

四、万里河掌、万里河等处作为一社，名曰孝友。

五、松香河，松香河等处作为一社，名曰忠爱。

六、双甸子，即建署处，作为一社，名曰作新。

安图

一、黄松塘。

二、新民屯。以上二处作为一社，名曰守望。

三、乳头山。

四、红旗河。以上两处作为一社，名曰安全。

五、浪柴沟[14]作为一社，名曰居仁。

六、柳河。作为一社，名曰由义。

七、富尔河。作为一社，名曰明德。

记岗后垦户

汤河之私垦也，始于同治元年。漫江之私垦也，始于光绪二年。红旗河之私垦也，始于光绪三年。华韩杂处，向无税租，每年按上中下三等摊款供给会房，且服从会首之命令，故传单一下，农民不分昼夜持枪而往，如有不到者，或议罚，或责惩，均惟会首之命是听。光绪二十三年，吉属伊通州禀派屈委员举办荒务，至大清沟，即被垦户邱永和、陈标勾串胡匪王洛窝、黄老达、张大个子、大毛奔、丁木匠、葛江、刘复盛、周才纠合土匪六十余名，立时枪毙，并击毙随行者七名，吉胜兵二名，遂弃尸头道松花江中，以灭其迹。及吉省派队十营进剿，只拿十三名，余悉遁去，官兵不熟山径，整队而旋。荒务因以中止。近查汤河会房与贼通气，依然挟势抗官。委员等此次觅房居住，会首王宝，犹指天画地，詈东骂西，所招炮手数十名，均承意旨，以为动作，直匪中之枭黠者也。去岁濛江设治，立垦务分局于双甸，而漫江一带仍属私垦，濛江州未敢过问，且相距窵远，又非势力所能辖制，是以凶焰不稍杀减，殊可虑也。兹将私垦地点列下：

一、竹木里

二、漫江营

三、红旗河

记岗后参园

人参为药品最良，尽人而知之矣。然有山参、园［参］之别。其山产以濛江之那尔轰为最。园产以敦化之沙河崖为最。故长白冈后，每年业参者，常五六千人。四月入山（俗名放山），八月下山（俗名插杆）。考参户领票，始于嘉庆初年。而参户住在地点，即在夹皮沟、苏拉河一带。道光初年，移在汤河、界河、南大营等处。咸丰元年，参票追回。二年，吉林将军派员收买官参，名曰官拣人参。光绪五年，吉林将军奏明：秧参归并药品，一律纳税，值十抽一。就目前论，濛江之那尔轰二十余户，通化之旺清十余户，怀仁之石柱子七十余户，柳河之三通河上三十余户，临江之五六道沟三十余户，均不若冈后参户之多。冈后如东冈、西冈、松香河、蒲苓河、二道花园，日俄未战以前，四百八十余户，现有二百六十余户。果安官设警，借保护以广招徕，则参业发达，每年收税，当不仅收京钱万贯已也。

记岗后木植

鸭江右岸，自头道沟至二十四道沟，均为森林繁茂之地点。然在长白大冈之前，且采木已与日人合办，可勿论矣。松江左右，地大林密，过于图江，亦为全球视线所集。地跨吉江两省，故哈尔滨、长春一带之建筑，皆取资焉。倘不设法保护，独握利权，一肇兵端，必蹈鸭江右岸木植之故辙，甚可虑也。今将木植繁盛地点列后：

一、松香河；二、长茂草顶；三、富尔河；四、汤河；五、花园；六、锦江；七、大荒顶子；八、柳河冈；九、槽子河；十、兔尾河；十一、富尔岭北；十二、黄花松甸；十三、乳头山；十四、木头峰；十五、新民屯；十六、张派。

记岗后矿产

考《周礼》草人居百官之一。中国矿产，占全球之半。当此边事日亟，以天地自然之利，而犹弃若瓯脱，设有变机，再蹈抚顺煤矿故辙，即欲补牢于亡羊，悔已晚矣。就目前而论，除专办森林实业，尤以开采矿产为最要点。兹将调查冈后各矿详列于后：

岗后矿产表

地名	矿类
头道花园	煤矿
大白山	河金
松花江二道花园	河金
双沟子	银矿
太平川	珠子
鹏窝碇子	白金
湾沟	煤矿

六道汤河	河金
狐狸沟子	河金
石头河子里	河金
万里河	河金
长汀	珠子
头道海河	河金
二道海河	同
三道海河	同
瓣子垛	同
板庙子	线金
夹皮沟	同
金银壁岭	金银二矿
大沙河	河金
娘娘库	河金
富尔岭	河金
珍珠门	珠子
青江	煤矿
汤上	磺矿

木、矿说

　　管子铸山为铁，煮海为盐，而齐富强。孔子称曰天下才，以其因地制宜也。我长白矿产之盛，不亚美之旧金山；木植之多，不亚英之新嘉坡，特无人经营，则有若无耳。倘招开矿营、采木营，则木矿利权唾手可握。或谓采木开矿编之曰营，其名甚怪，恐渎上游之聪，不能举办。而抑知屯田之名，实始于汉。汉以前固无之，乃当时不以为怪，辄毅然行之者，亦谓事在因时制宜，法自我施，名更不妨由我创也。今果招设此营，兼修轻便铁路，则运输便捷，销路不滞，数年以后，三省兵饷借此可筹。是我国创业，肇自白山；中兴之基，又系于白山也。长白木、矿，犹齐盐铁。欲图富强，当自木、矿始。

创设市廛说

白山一带，东西七百余里，南北三百余里。打牲、放山，垦田各户，华韩杂处，约有五千余家，然零星散布于平冈沟甸之中，无村屯并无市场。故汤河、花园之售购物品，须西赴朝阳镇，即海龙府属，计程四五百里。红旗河、漫江之交易，须北赴厂街，即吉林省城，计程六七百里，千余里不等。且因交通不便，输运价昂，每年只一次购运以求能敷一年之用。而所售大宗物产，若参、若茸、若貂、若珠，不销厂街即销营口，道途艰险，抢掠堪虑，骡马运行，多需日月，销售之利，多折耗于运脚之中。是以近数年来，居户渐稀，实由无市廛以维系之也。兹将后立市廛地点列后：

一、松甸　二、漫江营　三、二道花园

一、安图　二、二道江　三、娘娘库

一、塔甸　二、十二道沟　三、八道沟

奉吉分界说

考奉吉两省界线，以龙冈为准点，东起白山伏龙冈，西止头道花园三岔子之分水岭，按中线取直，长约五百余里，冈前属奉，冈后属吉。今因一冈而跨两省，遇有兴办林业，剿除胡匪，开修道路，举行新政，每多不便。是以吉属之汤河、漫江有划归（东）[奉]省之议。长白山主脉分有三冈：北而偏东者曰老岭，西而偏北者曰龙冈，南而偏东者曰南岗。查老岭、龙冈均我辖境，惟南冈由圣水渠、大浪河河水发源起，东南为朝鲜属土。白山为三江发源之地，其西南流者曰鸭绿，东北流者曰图们，北流者西曰松花江。自白山西南以至东北，源远流长，我国有完全水运之利；鸭图两江，则中韩分界，不能有专江权。今勘界线，西以头道花园分水岭顶为起点，东以红旗河入图江处为终点。惟南至长茂草顶，北至二道江边，向归汤河会房者十之八，归娘娘库会房者十之二。会房抚有山地，东西七百余里，南北则二百六七十里，虽沟岭平原各居其半，然参猎、采药、淘金、砍木各户倍于耕农家，故得擅收税厘，肆其横暴，生杀予夺，为所欲为，宛然酋长。兹拟：划园岭迤东至松香河、东冈，并划松花头道江东峰、松香河南岸设一县治，而于双甸子地方建设县署，名曰松甸县。地点适中，实握操纵控驭之柄。划东冈迤东至图们江西岸，红旗河南岸，设一县治，而以安图地方为中心。

穆　石　辩[①]

　　呜呼！中韩之界碑亡矣指十字界碑而言，亡于葡萄山下。查边之穆石见矣，见于长白山南。亡者无迹可寻，见者有文足据。大荒之中，留有片石，未毁于采采参、采药猎牧樵之手。其落落数语，犹足判决二百数十年后之国际交涉问题，此诚可惊、可喜者也。说者曰：穆石原立于小白山顶，后被韩人迁移，以为混界之由。此韩移之一说也。或又曰：如其存之，不如毁之，以灭韩人之口。此拟毁之一说也。或又曰：彼移于此，我移于彼，以暴易暴，使韩人莫可如何。此又主移之一说也。如此三说，是以穆石为界碑。界碑即穆石也。不知界碑之文"华夏金汤固，河山带砺长"，实与穆石不同。穆石者，乃穆总管查边后勒石自记者也。盍即其文而详细译之。考石文书："乌喇总管穆克登，奉旨查边至此。"夫曰："乌喇总管穆克登"，是单衔直书，并无双衔"会勘"字样。曰"奉旨"，是遵仁庙谕旨，与彼国无涉"此去特为查我边境与彼国无涉"，是五十年五月谕旨语气。曰"查边"，是本国之边如关外六边之类，就便查验，并非两国共同划界之词。曰"至此"，是本国地

<hr/>

　　[①]　原稿中，将刘建封所作《穆石辩》全文排印于此。文后，印有张凤台那段批语。《丛书》将《穆石辩》正文删除，仅留标题与批语，有失原貌，平添疑窦。今依原版照排。

方，喜其远而能到而言，与朝鲜无干。石文书"审视西为鸭绿，东为土门。"曰"审视"是审度远视之词。曰"西为鸭绿，东为土门"，是指我国之边，以两江为天然边线，并非谓"石西即鸭绿，石东即土门"之词。石文书"故于分水岭上，勒石为记。"夫曰"分水岭"，即非短岭可知。其不曰"于分水岭之中立碑"穆咨韩使文中有"在西江发源分水岭之中立碑"一语，而曰"于分水岭上勒石"，可见分水岭以上地方，必非分水岭之中了如指掌。① 曰"勒石"二字， 自与"立碑"二字不同。曰"勒石为记"，是个人勒字石上以作记念，又不同两国合意订约立标，共同认可之词。细玩石中数语，原系我查我边，既无分界名目，又无会勘明文，更无钤押凭据，又乌得混为界碑。况穆之咨文[7]，既曰分水岭中立碑，又曰茂山、惠山相近处，设立坚守，其互相商议，时在康熙五十一年五月二十八日。而穆石之立，时在五月十五日，是此石之立，较之商同共立界碑之时尚早十三日，又乌得以穆石为界碑也。即就穆石所立之地点论之，西曰大旱河，东曰黑石沟。大旱河无水，与咨文"在西江发源，分水岭中立碑"之语，已属不合。又兼黑石沟有水之处无多，下游平衍无踪，窥其形势，似与三道白河相连系松花江之南源，以之为土门江源，中隔老岭，其与大浪河土门江源两不相接，人所共见。如以穆石所立之处，即为两国界地，是与石文"西为鸭绿，东为土门"之语，则大相背谬，又乌得以穆石为界碑也。且夫古今中外，所恃者公理而已。如以穆石为界碑，何以石上横书"大清"二字，

---

① 了，原文为：燎，应为瞭之误，迳改为：了。

并无"朝鲜"二字，直书"康熙年月日"，并无"朝鲜年月日"，至末书"朝鲜某某官某某人"，诚以当日朝鲜为我国附庸。又奉旨有倘中国有阻，令朝鲜国稍为照管之谕，故穆氏于随来之韩人，附名石上，实仰承朝廷一视同仁之意。其书朝鲜也，实如书乌喇同；其书某某官也，实如书总管同；其书某某人也，实如穆克登同。诗云："普天之下，莫非王土。率土之滨，莫非王臣。"穆氏之意，其在斯乎！且也私勒之石，与公立之碑，其文字不同，原有确证。否则，当日所立十字界碑，又作无用之物，有是理乎？日人守田氏所著《满洲地志》，明言中韩以十字界碑为凭，今穆石之文于十字之中，毫无一字。而欲混穆石为界碑，是韩之恃日，直同婴儿恃母[①]，其图赖性质，无所不至也。噫！界碑既没，而穆石犹存。倘能就石文所载，按两江水线，溯流穷源，直抵分水岭中，自能知当日界碑所立之地，是无碑直同有碑也。郑樵云：疆域随时变迁，山川千古不易。借穆石以寻立界碑之地，咨商韩国，共同立标，合意订约，而日人助韩暗侵间岛之主意不得施，而我朝始祖发祥之布尔湖里等处可以守，穆氏之功伟矣哉！故直断之曰：界碑亡于葡萄山下，穆石见于长白山南[②]，实我国不幸中之一大幸也。因作《穆石辩》，以为将来勘国界者之一助。

总办长白设治事宜张批[③]

就石文释穆案，决非界碑，已成铁板注脚，洵千古不磨之

---

① 峙，应为：恃。《丛书》误。

② 《丛书》此处句逗有误，作：长白山，南实。迳改。

③ 这段批语，乃张凤台所作，《丛书》刊于第475页。

文，应列入志乘，以资确据。穆总管有灵，当亦倾佩于九泉也。恨不能携此文置之海牙仲裁判所秉公判决耳。

筹办边防善后十策[64]①

谨将筹办边防善后十策缮具详细清摺，恭呈鉴核。

计开：

一 **占江权**。鸭绿江即古马訾水，自长白山南麓发源，西南流汇佟家江，历塔甸、临江、辑安、苏甸城，抵安东，皆其流域。处处与韩对岸。现日人由惠山镇以至安东中间，如新挑城、下长里等处，皆驻有宪兵。陆岸布置，日益严密。去年又制造江艚数支，由安东运货直抵惠山镇。以该镇物价较廉，水陆交争，利权与江权日失。而由临赴塔，自十二道沟以上右岸山路未开，尚须沿韩境行百余里方能抵塔甸，若不及早筹划府署，隔绝一方，势如穷城。今即拟于长白山岭开通陆路，而水路又不可让。计准饬令长白府、临江、辑安、安东各府县通力合办，各造江艚四支，限三个月报竣，包载商货，上下接运，尤为捷便。目前暂行试办，俟礁线熟悉，逐加开凿。江路既通，商民不招自来。此后江巡尚可次第筹设，庶江权不致全失矣。

一 **驻工兵**。日人北清铁路一成，又折而东与会宁府遥对，

---

① 本文作者张凤台，全文刊于《长白汇征录》。"计开"之前，原有较长导言。因1957年7月吉林省人民委员会翻印本即如此，故未补。

东西环抱数千里，所隔者长白山与图们松花两江之源。我今设府长白，并于龙冈后设汤漫，两正扼其冲。兵家云，兵无形也，以敌人之形为形。就现形论战，兵有碍公法。对岸皆工兵，我即以工兵应之，彼亦无词。其驻在地方，以长白山、四合顶为中间此地为三道沟、八道沟并十八九道沟交尾处各有小径可通，地极平衍以塔甸为左翼①，与惠山镇对峙；以临江为右翼，与下长里对峙。此就长临驻扎而言。若规取东南大局，则安东应设重镇，与塔甸为声援②，仍以四合顶为后劲，作犄角形。中间沿江一带，节节分防，量地势之险夷，定兵额之多寡。建署以后，或招或调，先筹足一营，陆续增加。语云，将不守边，以国予敌，则工兵不可不备也。

一　厘韩籍。临江荣庆长三保，韩民越垦，历年已久。其中原因有三：一系国初韩官姜功烈投诚，视韩民若华氓，任令自便；一系华民稀少，雇作佣工，一系韩民瘠苦，穷岩邃谷，越界偷垦。惟今昔时局不同，光绪二十五年中韩条约第十二款内，载有边民已经开垦者，听其安业，俾保性命财产；以后如有潜越边界者，彼此均应禁止等语，已属法外之仁。伊时韩国尚为自主，今则韩属于日范围，后患滋剧，应厘完全办法。韩民虽经越垦，尚无管领之权，公法籍例綦严，一人无分隶两国之理。勒期回籍为上策；归化入籍扣出本国籍贯与华民一律看待，为中策；博宽大之名，爱护侨氓，驯良者知感，不肖则借日为符，

---

① 原稿为十八九道沟，《丛书》脱"八"字。
② 与，乃原稿。《丛书》作"以"，从原稿。

无法可治，敷衍目前为下策。揆今之势，行上策难，惟参用中下两策，调查二十五年以前户口，清厘籍额，安其既往，绝其将来。教养兼施，归化出于至诚，仍照公法籍例，严定籍约，斩去跨籍缪辖，是在良有司治理如何耳。

一 **捷交通**。长郡孤峙，海隅交通一滞，常变俱不可支。常时农商裹足，无民何官。变则穷城坐困，有寇无兵，消息不灵，职为心疾。交通之法：一邮、二电、三铁路。铁路费钜难筹，电线费省易办，电较邮尤捷。兴京以东沙松最伙，电杆一项，就地取材，用之不竭，省钱多矣。林子头工竣，拟即移修。由临赴塔之长岭，路平且直，长三百余里。近于江沿一路，开通尚易。当饬勘界员详细踏查。此路一开，平平周道，式遄其行，概不假邻封。其平时商贾贸迁，络绎道途，犹其资也；一旦有警，递之以电报，济之以援兵，信息灵而往来速。犹可恃以不恐。日本邮政已设，现筹轻便铁路。一迟一速，胜败攸分。坐而待毙非策也。

一 **崇府体**。府不辖县，不掌兵，宜于治理，碍于边防。边防有急，庚癸交呼，声援竟绝，四郊皆垒，寸铁无凭，是以肉喂虎，非计也。长白一郡，应予以特别之权，准将通、临、汤、漫四县一并归其管辖，遇有变乱，权力所及，指挥亦应。凡所应需物件，均可责成该县随时供给，不致坐困一隅。并将所驻工队弁勇一并归其调遣，以资策应。汉制，太守皆掌兵。李北平所以威慑匈奴者，职此之由。今宜仿照汉制，崇其体统，予以兵权，俾缓急可以相需，有裨边防，实非浅鲜。否则增设道员驻扎临江，名为上江道。俗称临江以上为上江，临江以下为下江。与东边道分辖上下江防，以资镇慑。其体较崇而部署尤为严密。且塔甸距安东一千余里。时局瞬息千变①，遥遥相制，鞭长何及，此又不可不深长思也。

　　一　励边吏。守边之吏，要与内地州县一例升迁，何以昭宠异而砺贤能？边风不靖，选吏为艰。一要谙外交，二要通兵学，三要娴新政。全才不易觏②，三者有其二一，经奖励便作循良。拟请此后，辑、临、汤各县僻处边徼，无论署任实缺，总视该员曾否具以上三要之资格，方准委任。及到任后，以三年为限，仿照直隶沿河州县之例，一二次安澜，保以寻常劳迹；三年保以异常。此时边要倍于河工，更宜破格奖材，特定边防保案，其干练勤劳，防边有成效者，褒之以勋章，<small>如汉代二千石，有治行者增秩，即今之加级记录</small>勋赏<small>如汉代赐金、赐缯有差，即今之加俸</small>，宠之以升阶，如汉代关内侯或入为公卿。国初，州县有政绩者，可擢为御史，上年亦有旨。如果才猷卓越胆识兼优之员，犹当不次超迁，以储边疆之选。古者以将守边，赵充国屯田部勒羊叔子，铃阁清严③，寓吏治于将略，史册称之。今以吏守边，则寓将于吏，应如何特别奖励之处，尚祈饬令厅司，预订奖章，以裨边务而劝将来。

---

　　① 时局，《丛书》改成：时为，误。
　　② 《丛书》误"易"为"见"，依原稿改回。
　　③ 铃阁，指翰林院，将帅或州郡长官公署。《唐诗》中有："悬知铃阁清如水"之句，清诗中有："铃阁清严夸镇静"之句。《丛书》将"铃阁"误为"铃阁"，当正之。

一　**辟荒微**。木植公司一立，斧柯倒持。边民命脉，注在垦荒。及此不图，生计绝矣。官斯土者，指何仰给？千里乞粮，不毙何待？查沿江垦地穷民，山左十之五，高丽十之三四，安东关左不及十之一二。地浮于民，力何能胜；移民垦地，款更不敷。现远近民人，闻塔甸建署[①]，道路相传，愿领荒者甚多。拟参用屯田法，分为三等：农夫出疆负耒而来[②]，是谓民屯；工队巡警就地开垦，是谓兵屯；富商巨贾有财无人，佣工耕作，是谓商屯。概不索价即领之。后勒限开种，逾限交还，以备他人转领。又有一提倡法：各省添设农务学堂，即农务试验场类，皆借数万里之籽粮，强令迁地为良，并讲外洋机器肥料，欺饬愚氓，虚縻帑金，不识《周礼》"土物之宜"四字作何诠解。东山地博土肥，不粪而获[③]。若提农务学堂虚縻之款，移垦边荒，现长署西边觅有山地一段，纵横三百余亩，既硕且平，辟为农务试验场，选三五农学之毕业生，参酌洋法土法，实地考验，总有裨边氓为目的。一费钱也，而试于边疆，较胜于内地者实多矣。

一　**通银币**。币不流通，边财益竭。譬如人有躯壳无血脉，其何能瘳[④]。塔甸集镇一空，日用所需，仰给惠山镇。洋商居奇垄断，视我建署，人多物［少］，立变方针，专用日元，以华洋

---

① 闻，《丛书》误作"间"，依原本改之。

② 耒，《丛书》误为来，依原稿改之。

③ 《丛书》："东山地博，土法不粪而获"，有误。依原稿改为：东山地博土肥，不粪而获。

④ 瘳，chōu，病愈。

购物，每元贴二角半，不要华贴。日朘月削，操算在人①。设有变乱，束手何堪？势非设银号不可。开办之初，本金号黟，概不必多。酌提五千金，选一二干商，相机筹划，逐渐扩张。毋拘内地例章，因地制宜，非徒资变通也，且以谋生聚。边庭物产丰饶，拼赀广购储备，商民买卖，以母权子，必不亏，并由内地购运杂货，廉定脚力，广售贫民，市面疏通，有赢无绌。日不能攫我利权，我自能保厥商民。于国无损，于边有益，惟银是赖。

一　储饷需。去年安东木税，准拨银十万两，曾经禀明在案。可否设治以后垂为定款，专备饷需，因应请饬下东边道核准②，禀复存案饬遵，以便指拨。此外需款甚多，在在仰给公家，恐难源源接济。计为储蓄以裕饷源。临江旧有木税一项，每木一排捐银三两，是为地方税。各国皆有此名目，与国家税并行不悖。将来木植公司厘订章程，此项由地方官照旧抽纳，以便办理。至长、临如何划拨，临时核办。署工竣后，拟仿照天津建造局章程，修盖房屋若干间，酌定租价，准备商人僦居营业。约计千金盖房，每年可租三百金。若能提出公款一万金，三年归母。三年后子利相权，足资挹注。现通、临商号，愿来者颇夥③，苦无市房可租。果如此法，既广招徕，兼无赔累。且官银号于通财中而兼生财，尚可酌提数成并作年需专款。除以上各款外，并就地筹办。实在不敷尚钜，再请指拨。

一　扩学警。学警今之要政，妇孺皆知。边郡民稀，盗夥，

①　《丛书》作："在内"，误，原稿为"在人"。
②　《丛书》"应后请饬"，衍一"后"字。依原稿，删。
③　《丛书》作："颇多夥"，衍一"多"字。依原稿改。

学不敷额，勇多野蛮。拘守例章何裨实用？警章例重站岗，巡逻义在捕盗[①]，尤在防边。教授应分两层：健儿有勇无识，编辑浅白警规，口授大义，略识宗旨，便充警额；幼童性稺年富[②]，当由浅诣深，一切警章，务臻完备，且须寄军政于巡警，以储济变之才。郡治应立中学堂。汤、漫甫筹县治，辑、临学生亦少，不特中学额不敷，即初等学龄从何选入？学校不广，士气愈灰。气以合群而壮，才经历练而成。奉省文武学堂，日益加增，尤为需款也，倘能移建边庭数座，毕业后予以特别凭照，识时之彦，闻风竞赴。文学则增外交、公法、东文、东语各门。武备则操习山川之险要，为实地之调查。工课余暇，登山远眺，对岸是敌，触目惊心，使人人有虎狼横噬之危惧，时时存保卫家国之思想[③]。其平日揉文奋武，念虑精神，必别有一番振作。势果至此，边尚无起色，人尚不奋兴，万万无此理。

东三省总督徐：

"呈摺均悉。据筹十策，规划周密，语语扼要，具见才识胜人。除厘韩籍、崇体制、订奖章、屯垦、饷需各条，应候饬厅司分别核议，具复再行饬知核办外，余条仰即照所议次第，认真筹办，并将办理情形，随时呈报。务期慎始图终，毋负委任，有厚望焉！檄摺存。"

---

① 《丛书》此句作："警章例重，［站］岗巡逻"义在捕盗不通，依《长白汇征录》中此文迳改。《丛书》第210～218页与476～482页，这二处实乃同一篇文章，但文前与文后有所差别，文内标点等小有不同。均依原稿，只改明显误处。

② 《丛书》"幼童性欋"，"欋"误，应："稺"，即"稚"，幼小。依原稿改正。

③ 《丛书》"时时有存"，衍一个"有"字。"人人有"与"时时存"，上下两句为一联十字对偶句，多一"有"字，下句就成十一个字了。依原稿改之。

天女浴池石影记

考长白山东六十里，有布库里山，下有池曰布尔湖里。相传三天仙女浴躬于此，吞朱果，生圣子。为我朝发祥之灵迹也。光绪戊申秋七月，建封奉东三省总督徐公派查国界，到处寻觅，始得天女浴池于老岭之脊。己酉九月承督帅锡公、抚帅程公命令，调查安图全境，筹设县治。旋于重阳日由娘娘库地方，整装入山，循黑山岭而南，又抵池旁。特立石以纪其异。池深而圆，形如荷盖。周四里，水洁碧，不注不溢。中央深处，冬无冰^[65]，夏无萍。四面清浅^①，多水草。惟西北一隅，中有平台，水不满二尺，宽五六尺，长八九尺，沙明水净，鱼戏于中，可历数焉。台之下，峭壁如悬，深不可测，俯视之，而畏敬之心，肃然生矣。南望布库［里］山五里许，近若咫尺，山虽不高，峰红如鹤顶，秀色南来，扑人眉宇，有可意会不可言传之妙。而其东则弱流河，相去非远，水流溅溅南入图江^②，宛如玉带之环绕焉。西望长白缥缈，数十里间，云光雪影，倒印池心，直同海上蓬瀛，飞来天外。北俯松江，冰冷鹿石四沟，劈壑奔流，波浪滚滚，声闻

207

① 《丛书》作"四面深浅"，误，依原稿改。
② 《丛书》"水流渺溅溅"，衍一"渺"字，依原稿删。

十余里。登高遐瞩，万灵毕萃，始恍然于始祖乘船顺流下至河步者之有由来也。他若四围苍松，两岸仙果，云鸥飞落，梅鹿呦鸣，虎迹熊踪，鹤巢貂穴，犹其显焉者也。且夫深山大泽中，为古今人所罕到之处，而独开圣域，别有地天，实非扶舆灵气钟毓之独厚不至此。白山黑水，超越丰岐，天生神圣岂偶然哉。建封三至池上，徘徊四顾，无限钦慕。谨将池边，撮一石影，意固不在山水间也，惟欲公诸同志，使人人得瞻我祖降生之圣迹，不敢数典忘之。而片石千秋，直同商彝周媒，声之雅颂而不朽。是区区之私衷，故作记以识之。

　　　　　　　　　　　奉天候补知县　刘建封谨撰

总办长白设治事宜张公鸣岐德政碑文

　　长白山为我朝发祥重地，斗绝东陲。自光绪三十四年，大府以固我边防为亟务，爰请于朝，于鸭江右偏增设长白府治。其总办设治事宜者，河南安阳鸣岐张公也。是年夏，初莅斯土。揆地度势，建治于旧名塔甸之平原，而部署始定。其地居民三五，寂寞荒凉，草昧初开，诸事掣肘。乃披荆剪棘，惨淡经营。首造江艑，以占航权；次开山道，以利交通；放山荒以兴农业；修市房以振商务；创立巡警，以靖地方；筹办学堂，以开民智；保木材以卫民生；禁烟赌以清盗源，此其显而易见者也。对岸与韩为邻，外人屡谋占我利权。张公乃持大局，据理以争，毫不退让，不惟有以保利权，而实所以固边圉也。至于刘姓渡江溺水，工兵砍树殒命，窑陷而毙者四人，此皆人力无能挽者；而我张公慨然动恻隐之心，各恤银元或三十或八十不等，生者被泽，死者休息，体恤穷民，无微不至。此皆昭人耳目者也。自夏徂秋，往返赴省，山路崎岖，艰险异常，乃冒雨踏雪，不辞劳瘁，悬崖峭壁，不避险易，露宿霜餐者，尤不胜计。以我公年近花甲，若是之为国为民不惮跋涉，足征朝廷寄任得人，亦实东山小民之幸福也。设治年余，农业商务各有起色，山东之民，闻风而至。正在筹划安民，提倡边务之际，旋奉上宪札调回奉，东山父老如失慈云。身等受如天之福，未获一报，旋复还旌，攀辕莫及，不禁怅怅！因会议将开创政绩，敬勒诸石，树于道左。庶几今后之人见石思治，犹想见当年初创之艰，以志小民不忘之意云。

刘建封撰

注　释

[1][2] 阙文。

[3] 原作者是在夏秋之间踏查，未能看到冬季天池结冻情况。据资料记载和近年实际踏查，天池在冬季是结冰的。但冰下池水仍不断涌流。

[4] 原文误，应为观日。

[5] 越流，现名弱流水。

[6] 石逸河，即石乙河。

[7] 原文无标题，今补。

[8] 参见 [3]。